THE ARCHITECTURE OF KNOWLEDGE

DE ARCHITECTUUR VAN KENNIS

THE LIBRARY OF THE FUTURE

DE BIBLIOTHEEK VAN DE TOEKOMST

NETHERLANDS ARCHITECTURE INSTITUTE
NEDERLANDS ARCHITECTUURINSTITUUT
NAi PUBLISHERS
NAi UITGEVERS

THE ARCHITECTURE
OF KNOWLEDGE
DE ARCHITECTUUR
VAN KENNIS

THE LIBRARY
OF THE FUTURE
DE BIBLIOTHEEK
VAN DE TOEKOMST

Contents
Inhoud

LINDA VLASSENROOD

Foreword
Voorwoord

According to many management books, a 'proactive' attitude in regard to work is the key to greater positivity, success and influence. However, it is noticeable that the architectural profession has been losing importance for some years now; the discipline has, in fact, been increasingly hedged in, and that is partly due to the rising number of managers involved in the practice of building. The architect is only one of many players and often operates as little more than an aesthetic adviser within the current complexity of the building process. The profession of the architect is, however, so much more than just thinking up an unusual facade. As a result, being able to escape from the straitjacket is an often-heard wish of many designers, but due to the recent financial troubles in particular, it seems as if the opportunities in this respect have been immobilized.

The Netherlands Architecture Institute (NAI) is a great believer in the positive effects of a proactive attitude to design, particularly in relation to large-scale social issues. However, the crucial question is how to bring about real change within the conditioned building community. If the NAI really wants to provide a stimulus in this area, the institute's programmatic interpretation must exude a proactive attitude in absolutely everything it does: in the subjects selected, the coalitions formed, the role of the public and the formulas chosen. It is also necessary – to use managerial terms – to create the right conditions so that a proactive attitude really is encouraged and can come to full maturity. In this process, both existing and new formulas are tested out. Active involvement of the public, whether or not they are professionals, is encouraged by way of design competitions, debates and workshops, as well as the usual thought-provoking repertoire of exhibitions and discussions.

In *The Architecture of Knowledge*, the NAI presents the outcome of a series of lectures and a workshop about the public library of the future. As a universally known architectural characterization, the public library is subject to considerable change in the collection of

Een 'proactieve' werkhouding is volgens menig managementhandboek de sleutel naar meer positivisme, meer succes én meer invloed. Het vak architectuur verliest echter al jaren zienderogen aan importantie; mede door het stijgend aantal managers in de bouwpraktijk is de discipline juist in

DE ARCHITECT IS SLECHTS ÉÉN VAN DE VELE SPELERS AAN TAFEL EN OPEREERT BINNEN DE HEDENDAAGSE COMPLEXITEIT VAN HET BOUWPROCES VAAK ALLEEN NOG ALS ESTHETISCH ADVISEUR.

toenemende mate ingekapseld geraakt. De architect is slechts een van de vele spelers aan tafel en opereert binnen de hedendaagse complexiteit van het bouwproces vaak alleen nog als esthetisch adviseur. Het vak architectuur is echter zo veel meer dan alleen een bijzondere voorgevel bedenken. Het kunnen ontsnappen aan het keurslijf is bij veel ontwerpers dan ook een veelgehoorde wens, maar juist door de recente financiële tegenspoed lijken de mogelijkheden hiertoe lamgeslagen.

Het Nederlands Architectuurinstituut (NAi) gelooft zeer in de positieve uitwerking van een proactieve ontwerphouding en dan voornamelijk ten aanzien van de grootschalige sociaal-maatschappelijke opgaven. Het is echter de vraag hoe binnen de geconditioneerde bouwwereld daadwerkelijk veranderingen teweeg kunnen worden gebracht. Wil het NAi daarin echt stimulerend zijn, dan zal ook de programmatische invulling van het instituut in al haar poriën een proactieve houding moeten uitademen: in de gekozen onderwerpen, in de gebouwde coalities,

knowledge, the rise of informal media and the perception of the public domain. In our search for new organizational models for this type of building, we found a partner in the Netherlands Public Library Association and were able to tap into the creative potential of young people studying subjects such as music, visual art, new media, graphics and industrial design. The collaboration with artists and designers is what makes it possible to break through the usual discussions carried out exclusively among the initiated field of professionals, and to bring architectural developments and questions into the limelight in a more explicit way. In the summer of 2009, 29 students from the above-mentioned courses worked during a period of two weeks on a new organizational interpretation, under the supervision of architect Rients Dijkstra (Maxwan), industrial designers Jurgen Bey and Esther van de Wiel, graphic designer Daniel van der Velden and visual artist Gabriel Lester.

The publication *The Architecture of Knowledge* is the account of an experimental search to flesh out a new issue. As such, it is the first publication in the *NAI Files* series in which design is brought closer to the issue at hand. A publication will appear every year as a reference work or as the foundation for an active programme component, at times supported by new research, sometimes carried out by means of designing. In addition, the public (including professionals) and inspirational collaborators will be given a role in the generation of content, by means of guest curatorship or research. Tapping fully into the design potential and the creative powers of thought is, after all, another condition for achieving greater positivity, success and influence for the architectural profession.

Linda Vlassenrood
Head of Presentation NAI

in de rol van het publiek, in de gekozen formules. Het is dan ook noodzakelijk om – in termen van de manager – de juiste voorwaarden te scheppen zodat een proactieve houding daadwerkelijk geprikkeld en tot wasdom kan komen. Hierbij worden bestaande en nieuwe formules uitgetest. Het actief betrekken van het (vak)publiek vindt, naast het gebruikelijke reflectieve repertoire aan tentoonstellingen en debatten, plaats door middel van ontwerpprijs-vragen, debatspellen en workshops.

Met *De Architectuur van Kennis* presenteert het NAi het resultaat van een lezingenreeks en een workshop over de openbare bibliotheek van de toekomst. De openbare bibliotheek is als overbekende architecto-nische typologie onderhevig aan vele veranderingen in de kennisvergaring, de opkomst van de informele media en de beleving van het publieke domein. In het vinden van nieuwe organisatiemodellen voor dit type gebouw vonden we de Vereniging Openbare Bibliotheken aan onze zijde en boorden we het creatief potentieel aan van studenten afkomstig van opleidingen zoals muziek, beeldende kunst, nieuwe media, grafisch en industrieel ontwerp. Het samen-werken met kunstenaars en vormgevers maakt het juist mogelijk om het gesprek onder ingewijden te doorbreken en ontwikkelingen en opgaven binnen de architectuur explicieter voor het voetlicht te bren-gen. In de zomer van 2009 werkten 29 studenten vanuit bovengenoemde opleidingen onder super-visie van architect Rients Dijkstra (Maxwan), indus-trieel vormgevers Jurgen Bey en Esther van de Wiel, grafisch ontwerper Daniel van der Velden en beeldend kunstenaar Gabriel Lester twee weken lang aan een nieuwe organisatorische invulling.

De publicatie *De Architectuur van Kennis* is het verslag van een experimentele zoektocht naar de invulling van een nieuwe opgave. Het is als zodanig de eerste publicatie in de reeks *NAi Files* van het NAi waarin het ontwerp dichter bij de opgave wordt gebracht. Ieder jaar zal een publicatie verschijnen als naslagwerk of als onderbouwing van een activerend programmaonderdeel, al dan niet ondersteund door nieuw (ontwerpend) onderzoek. Hierbij zullen het (vak)publiek en inspirerende coalities een rol krijgen in het genereren van inhoud door gastcuratorschap of onderzoek. Het ten volle aanboren van het ontwerp-potentieel en creatief denkvermogen is immers óók een voorwaarde voor het komen tot meer positivisme, meer succes én meer invloed voor het vak architectuur.

Linda Vlassenrood
Hoofd Presentatie NAi

THE ARCHITECTURE OF KNOWLEDGE

DE ARCHITECTUUR VAN KENNIS

HUIB HAYE VAN DER WERF

The Architecture of Knowledge – Introduction
De architectuur van kennis – Inleiding

We live in an age in which knowledge and communication are profuse. More important perhaps are the blurred boundaries between the producers and consumers of information within this development.
Wij leven in een tijd met een overvloed aan kennis en communicatie. Nog belangrijker wellicht is dat in deze ontwikkeling de grenzen tussen producenten en consumenten van informatie aan het vervagen zijn.

Great shifts in the accessibility to tools for locating, contemplating and producing information have altered our knowledge landscape from a vertical hierarchy to a more horizontal perspective. Taking this into account, the public library inevitably plays a role within this evolution. It now finds itself in the middle of all of this change. For it is not only a symbolic institution that conserves and distributes information, it is also an extension of the public realm itself. Therein lies a task to be responsive and dynamic, because not only is its physical presence as public space questionable, but its immaterial reality is debatable as well, as it either stands at the brink of a new frontier, or at the point of disappearing altogether.

The 17th century proved to be a heyday for the library due to a similar increase in the accessibility of knowledge as we see in today's society. Books had become cheaper to produce and thanks to a revival of nationalist and renaissance thinking more cities were inclined to build 'houses of knowledge'. Not only cities, but also cultured upper-class citizens with philanthropic visions built houses

Grote verschuivingen in de toegankelijkheid van middelen voor het vinden, wegen en produceren van informatie hebben ons kennislandschap veranderd van een verticale hiërarchie in een horizontaler perspectief. Dat brengt met zich mee dat de openbare bibliotheek in deze evolutie onontkoombaar een rol speelt, aangezien die zich midden in dit veranderingsproces bevindt. De bibliotheek is immers niet alleen een symbolisch instituut dat informatie bewaart en verspreidt, maar is ook een uitbreiding van het publieke domein zelf. Daarin ligt een taak voor de bibliotheek om reactief en dynamisch te zijn, want niet alleen haar fysieke aanwezigheid als een openbare ruimte staat ter discussie, ook haar immateriële werkelijkheid is aan twijfel onderhevig, nu voor dit instituut ofwel een nieuwe horizon gloort ofwel de totale verdwijning dreigt.

De zeventiende eeuw bleek een bloeitijd voor de bibliotheek te zijn, dankzij een vergelijkbare toename van de toegankelijkheid van kennis als we in de hedendaagse samenleving zien. Boeken konden goedkoper worden geproduceerd en dankzij een opleving van nationalistisch en renaissancistisch denken gingen meer steden over tot het oprichten van 'kennishuizen'. En niet alleen steden, maar ook

1. The Dewey Decimal Classification (DDC, also called the Dewey Decimal System) is a proprietary system of library classification developed by Melvil Dewey in 1876. This system organizes books on library shelves in a specific and repeatable order that makes it easy to find any book and return it to its proper place. The system is sed in 200,000 libraries in at least 135 countries. (source: Wikipedia)

for their collections of books and documents. They also opened these to the public, albeit to only a select group of users such as academics and endowed citizenry. From within, these libraries acted as symbols of the power and potential of society, while at the same time on the exterior they reinforced a communal cultural identity and history by incorporating neo-classicist architecture in many of the designs.

It wasn't until the late 19th century that libraries truly became accessible to a wider public – and even then still not to 'lower classes' of society such as colonial migrants. Important however, was that many of these libraries were realized with tax money, which meant that their ownership was now truly community-based. This meant that their collections could be seen as reflections of a communal knowledge and culture. For culture – as the cultural theorist Aby Warburg stated when referring to his own Library for Cultural Studies at the beginning of the 20th century – is like the library in that it is a institution. His view of the library as a paradoxical structure in which an immense plurality of books bound by a concrete form unify and tame diversity, is the essential foundation upon which the modern-day libraries are still being realized. Today, the production of books is still relatively inexpensive and contrary to popular belief, there is still a steady rise in the sale of books. Also, new libraries are still being implemented in city building plans, only now less as a nationalist sentiment and more as an economic tool in city marketing. Mostly it is their structure and physical presence that play an important role in this, for the physical manifestation of libraries has undergone a considerable and telling evolution in the last 100 years from being (neo-)classicist houses of power to industrially built equalitarian houses of knowledge, to the present-day open houses of cultural diversity. Behind this exterior and physical progression the interior and immaterial systems of collecting and cataloguing have largely remained the same – the Dewey decimal System of categorization (founded in 1876) still being applied as the present-day method.[1] However, the public library now stands at a point in time where this is rapidly changing. The aforementioned shift in the production and consumption of knowledge assigns both the architect as well as the commissioning body of a library the task of contemplating alternative

filantropische burgers uit de cultureel ontwikkelde hogere klasse gingen huizen bouwen voor hun collecties boeken en documenten. Bovendien stelden zij deze open voor het publiek, zij het alleen voor een selecte groep gebruikers zoals academici en de kapitaalkrachtige burgerij. Vanbinnen functioneerden deze bibliotheken als symbool van de macht en het potentieel van de samenleving, en aan de buitenkant versterkten ze een gedeelde culturele identiteit en geschiedenis door hun dikwijls neoclassicistische architectuur.

Pas laat in de negentiende eeuw werden bibliotheken echt toegankelijk voor een groter publiek – maar toen ook nog steeds niet voor 'lagere klassen' als immigranten uit de koloniën. Wat echter belangrijk was, was dat veel van deze bibliotheken waren opgericht met belastinggeld, wat betekende dat ze werkelijk eigendom waren van de gemeenschap en dat hun collecties konden worden opgevat als weerspiegelingen van een gedeelde kennis en cultuur.

PAS LAAT IN DE NEGENTIENDE EEUW WERDEN BIBLIOTHEKEN ECHT TOEGANKELIJK VOOR EEN GROTER PUBLIEK – MAAR TOEN OOK NOG STEEDS NIET VOOR 'LAGERE KLASSEN'

Want, zoals cultuurtheoreticus Aby Warburg aan het begin van de twintigste eeuw al zei over zijn eigen Bibliotheek voor Cultuurwetenschap, lijkt cultuur op de bibliotheek omdat beide openbare instellingen zijn. Zijn kijk op de bibliotheek als een paradoxaal bouwwerk waarin een ontzaglijke verscheidenheid aan boeken door hun verbondenheid in een concrete vorm die diversiteit weer verenigen en temmen, vormt nog steeds de grondslag waarop ook de hedendaagse bibliotheken worden gebaseerd. Vandaag de dag is de productie van boeken nog steeds relatief goedkoop en, anders dan over het algemeen wordt aangenomen, neemt de verkoop

British Library, London
British Library, Londen
Image/beeld: Huib Haye
van der Werf

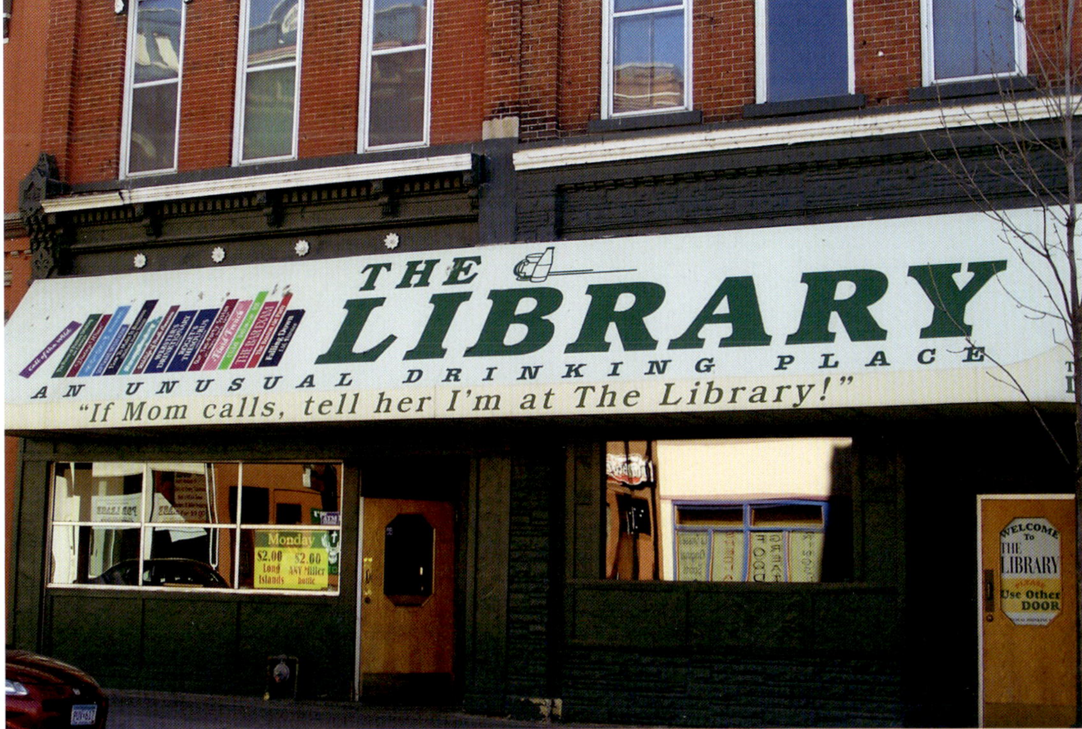

Drinking at The Library
Een borrel bij The Library

**Cleaning the roof of new building of the Alexandria library (Egypt).
Designed by Snøhetta (2001)**
Het schoonmaken van het dak van de Alexandria bibliotheek (Egypte).
Ontworpen door Snøhetta (2001)
Image/beeld: Abe World!!!! @ flickr Commons

1. De Dewey Decimale Classificatie (DDC, ook wel aangeduid als het Dewey Decimale Systeem) is een beschermd systeem voor blibliotheekindeling dat in 1876 is ontwikkeld door Melvil Dewey. het systeem ordent boeken op de planken van de bibliotheek door een specifieke, herhaalbare manier waardoor boeken gemakkelijk kunnen worden gevonden en weer op de juiste plek teruggezet. Het systeem is in 200.000 bibliotheken in minstens 135 landen in gebruik. (Bron: Wikipedia)

architectural programs for the changing function of public libraries. The reason for this is that the contemporary public library no longer merely houses and catalogues books and records. It also provides public access to the Internet, computer workstations, recreation facilities

IN MANY WAYS, THE LIBRARY HAS BECOME AN APPENDAGE OF THE PUBLIC SPACE.

such as a cafe/restaurant, exhibition spaces, educational programs and in some cases even day-care facilities. In many ways, the library has become an appendage of the public space. An institute that houses multi-faceted and varied programs all under the same roof. As a result, the public library is still a symbol of the power and potential of citizens and it is still a location where people come together and cultural identity is created. Only now it is no longer

van boeken nog steeds gestaag toe. Ook worden er nog steeds nieuwe bibliotheken opgenomen in stadsontwikkelingsplannen, maar dan niet meer zo-zeer vanuit nationalistische sentimenten, maar eerder als een economisch hulpmiddel bij het 'verkopen' van de stad. Met name hun fysieke aanwezigheid als gebouw speelt daarin een belangrijke rol, want de uiterlijke verschijning van bibliotheken heeft in de afgelopen honderd jaar een aanzienlijke en veel-zeggende evolutie doorgemaakt, van (neo)classicistische bolwerken van de macht naar industrieel vervaardigde, op gelijkheid gerichte huizen van kennis en naar de huidige open huizen van culturele diversiteit. Achter deze uiterlijke en materiële vooruit-gang zijn de interne en immateriële systemen van het verzamelen en catalogiseren grotendeels hetzelfde gebleven – het decimale rubriceringssysteem van Dewey uit 1876 wordt vandaag de dag nog steeds toegepast.[1] De openbare bibliotheek heeft nu echter een punt in de tijd bereikt waarop dit snel aan het veranderen is.

De eerdergenoemde verschuiving in de productie en consumptie van kennis legt op zowel de architect als de opdrachtgever van een bibliotheek de taak om na te denken over alternatieve bouwkundige programma's die tegemoetkomen aan de veranderende functie van de openbare bibliotheek.

Bookshelves at the University of Miami Library
Boekenplanken in de bibliotheek van de Universiteit van Miami

the exclusive setting for this task of empower-ment and enlightenment. Outside the walls of the public library – in an increasingly marked and marketed public domain – the same ameni-ties are available, but the library seems to have chosen the strategy to become a concentrate of this public space, letting the outside within its walls.
Equally, the library also actively ventures beyond its own physical boundaries with the introduc-tion of web browsers, on-line retrieval systems and other new media. The perspectives that these media offer are turning the walls of the library itself into a formality and seem to offer a view of a new frontier. One could argue that the physical building is and should always re-main an important location of public gathering, information and learning, yet more and more the knowledge which is produced and gathered there exorbitantly extends beyond its physical realm. This development takes the library into a new metaphysical territory of public space wherein information is collectively produced and consumed. However, such a departure from physical form by itself – without considering the relationship it has with its physical habitat – makes its function in society questionable.

This publication engages itself with this discus-sion and offers possibilities by looking towards the architecture of the public library as a future scenario. It presupposes the existence of the library in the years to come, only does so with-out limiting itself to past and present models. By looking ahead, current issues and discrepancies can be placed in perspective. That is not to say that all contributions to this publication are uto-pian in their proposal. Many are already a reality while others provide a reality that has not yet been made visible. Current discussions on the definition of what the public domain is in today's society offer the space and flexibility for the library to exit its traditional home and even be-come self-organized. The debate about intellec-tual property and the authorship of knowledge provides insight into new channels in acquiring, compiling and distributing information beyond the current market systems and intellectual property regulations. Organizational hardware and software systems already put into practice in other disciplines can be applied to the public library, thereby improving the availability of in-formation as well as enhancing social cohesion amongst users and staff. And finally, in a society

ALLEEN VORMT DE BIBLIOTHEEK NIET LANGER DE ENIGE OMGEVING WAAR MONDIGHEID EN GEESTELIJKE VERLICHTING TE HALEN ZIJN.

Dat is noodzakelijk omdat de hedendaagse open-bare bibliotheek niet langer alleen maar boeken en documenten huisvest en catalogiseert, maar het publiek ook internettoegang biedt, computerwerk-plekken, recreatieve faciliteiten zoals een café-restaurant, tentoonstellingsruimten, educatieve programma's en soms zelfs kinderopvang. Kortom, een instituut dat gevarieerde en veelzijdige program-ma's realiseert onder één dak.
Het resultaat is dat de openbare bibliotheek nog steeds een symbool is van de macht en het poten-tieel van de burgers en ook nog steeds een plek is waar mensen samenkomen en waar culturele identiteit ontstaat. Alleen vormt de bibliotheek niet langer de enige omgeving waar mondigheid en geestelijke verlichting te halen zijn. Buiten de muren van de openbare bibliotheek – in een in toenemende mate gelabelde en vermarkt publiek domein – zijn dezelfde voorzieningen voorhanden, maar de biblio-theek lijkt zich strategisch te hebben gepositioneerd als een geconcentreerde versie van deze openbare ruimte door de buitenwereld binnen haar muren toe te laten.
Evengoed begeeft de bibliotheek zichzelf ook actief buiten haar eigen fysieke grenzen door het aan-bieden van webbrowsers, online retrieval-systemen en andere nieuwe media. De perspectieven die deze media bieden, maken van de muren van de biblio-theek zelf een formaliteit en lijken uitzicht te bieden op een nieuwe horizon. Er is iets te zeggen voor de opvatting dat het feitelijke gebouw altijd een belang-rijke locatie van openbare samenkomst, informatie en kennisverwerving is geweest en moet blijven, maar de kennis die hier wordt geproduceerd en verzameld, overstijgt steeds vaker en steeds heviger het fysieke domein van de bibliotheek. Door die ont-wikkeling betreedt de bibliotheek een nieuw metafy-sisch terrein van de openbare ruimte waar informatie collectief wordt geproduceerd en geconsumeerd.

Card catalogue according to the Dewey Decimal System
Kaartenbak volgens het Dewey Decimal Systeem
Image/beeld: Patrick Joust
@ flickr Commons

KNOWLEDGE IS THE LIBRARY'S COMMODITY, AND AS A RESULT IT ATTRACTS PRODUCERS AND CONSUMERS

where social encapsulation is becoming more and more evident, the act of reading itself lends insight into the relationship between the public library – whatever its loci may be – and its users. In short, the intention of this publication is of course to shed light on the role that the public library has in contemporary society, but even more so, to provide perspective on the role that the library can have.
Knowledge is information, whether it is hard-core data or a poetic narrative. In order for it to exist, it must be compounded by communication, and the ideal equalitarian agent for this task is the public library. For knowledge is the

Maar zo'n afslag alleen – los van de band die hij heeft met zijn fysieke omgeving – zou in maatschappelijk opzicht van twijfelachtig nut zijn.

Dit boek gaat in op deze discussie en biedt openingen door de architectuur van de openbare bibliotheek te bekijken als een toekomstig scenario. Daarbij wordt ervan uitgegaan dat de bibliotheek in de komende jaren zal blijven bestaan, zonder daarbij vast te houden aan modellen uit het verleden of van het heden. Door vooruit te blikken kunnen huidige kwesties en tegenstellingen in perspectief worden geplaatst. Daarmee is niet gezegd dat het bij alle bijdragen in deze publicatie om utopische voorstellen gaat. Veel gevallen zijn nu al realiteit, in andere gevallen gaat het om een realiteit die nog niet zichtbaar is gemaakt. Het huidige debat over de werkelijkheid van de openbare ruimte in de hedendaagse samenleving en hoe die ruimte moet worden geïmplementeerd, biedt de bibliotheek de ruimte en flexibiliteit om haar traditionele thuisbasis te verlaten en zelfs om spontane organisatievormen aan te nemen. De discussie over intellectueel eigendom en het auteurschap van kennis verschaft inzicht in nieuwe kanalen voor het verwerven, samenstellen en verspreiden van informatie op manieren die de huidige marktwerking en juridische kaders overstijgen. Hardware- en softwaresystemen die nu al in

library's commodity, and as a result it attracts producers and consumers of knowledge.

As with any business, the library – the public library in particular – must therefore remain aware of and be adaptable to any changes and influences that modify the demand and supply of its product.

As consumers a great many things distract us, and as producers of knowledge we seem unaware of the collective potential of our contribution. A consequence of our seemingly utopian abundance of knowledge is that the attention span needed to process information has been affected and in many cases grown shorter and splintered. In other words, the relationship between the production of information and its communication and reception has become disproportionate. A situation that could have serious repercussions for the social, cultural and even economic progression of our society.

It is out of this sense of urgency that this publication has been compiled. The Netherlands Architecture Institute – in collaboration with the Netherlands Association of Public Libraries – sees the discipline of architecture as being the ideal agent to investigate and provide recommendations for this pressing matter. Architecture carries with it both the expectation of finding solutions for organizing and defining space, as well as the task to engage with all stakeholders in doing so. In the case of the public library, the architecture of knowledge is also the architecture of society.

andere vakgebieden worden gebruikt, kunnen ook worden toegepast in de openbare bibliotheek, waardoor de informatievoorziening beter wordt en de sociale cohesie tussen gebruikers en personeel toeneemt. En ten slotte, in een samenleving die steeds meer neigt naar het capsulaire, verschaft de daad van het lezen zelf inzicht in de verhouding tussen de openbare bibliotheek – waar die zich ook moge bevinden – en haar gebruikers. Kortom, de bedoeling van deze publicatie is natuurlijk om ons licht te laten schijnen over de rol die de openbare bibliotheek in de huidige samenleving vervult, maar meer nog om een perspectief te bieden op de rol die de bibliotheek daarin kan vervullen.

Kennis is informatie, of het nu gaat om harde gegevens of om poëtische verhalen. Om te kunnen bestaan, moet kennis worden vermeerderd door communicatie en het ideale, op gelijkheid gerichte instrument daarvoor is de openbare bibliotheek. Kennis is immers de handelswaar van de bibliotheek en daardoor trekt ze zowel producenten als consumenten van kennis aan. Net als in elke andere bedrijfstak moet de bibliotheek – en met name de openbare bibliotheek – daarom alert zijn en inspelen op alle veranderingen en invloeden op vraag en aanbod van haar product.

Als consument worden we door heel veel dingen afgeleid en als producent van kennis lijken we ons niet bewust van het collectieve potentieel van onze bijdrage. Een van de gevolgen van onze schijnbaar utopische overvloed aan kennis is dat de aandachtsboog die nodig is voor het verwerken van informatie is aangetast en in veel gevallen korter en gefragmenteerd is geworden. Met andere woorden, de relatie tussen de productie van informatie enerzijds en de communicatie en ontvangst ervan anderzijds is scheefgegroeid en dat zou wel eens ernstige gevolgen kunnen hebben voor de sociale, culturele en zelfs de economische vooruitgang van onze samenleving.

Vanuit dit gevoel van urgentie is deze publicatie ontstaan. Het Nederlands Architectuurinstituut – in samenwerking met de Vereniging Openbare Bibliotheken – beschouwt het vakgebied van de architectuur als het ideale instrument om aanbevelingen in deze dringende kwestie te onderzoeken en aan te reiken. Architectuur belichaamt de verwachting van oplossingen voor het organiseren en bepalen van de ruimte en de verantwoordelijkheid voor het betrekken van alle belanghebbenden bij dat proces. In het geval van de openbare bibliotheek valt de architectuur van de kennis samen met de architectuur van de samenleving.

Project: Library Boat/Bus
Project: Biebboot/-bus

Location: on the water / on the road
Locatie: op het water / op de weg

Architect: Jord den Hollander
Architect: Jord den Hollander

Realization: 2002 (study)
Realisatie: 2002 (studie)

Where space is at a premium, the roads are congested and sea levels are rising, 'building' on water can provide a solution. The library boat is a floating library with the capacity of an average regional library branch. The concept references topical themes such as mobility, flexibility and durability. At the same time, it gives new meaning to the time-honoured ideal of the library bus: the library that comes to the people. The library boat can be used as a mobile branch and, in this way, cover a large area. But the boat can also be used as a temporary library on the beach, at a campsite or at a festival. Besides the library boat, there is also an entirely contemporary version of the library bus in development. This library bus is based on a standard 40-foot container truck. Once it arrives at its destination, the container is uncoupled and pushed upwards to create space for different functions, such as a reading floor, space for computers, a play area or a presentation space.

Waar ruimte schaars is, de wegen verstopt zijn en de zeespiegel stijgt, biedt 'bouwen' op water een uitkomst. De biebboot is een drijvende bibliotheek met de capaciteit van een gemiddeld regionaal bibliotheekfiliaal. Het concept refereert aan actuele thema's als mobiliteit, flexibiliteit en duurzaamheid. Tegelijk geeft het een nieuwe inhoud aan het aloude ideaal van de biebbus: de openbare bibliotheek die naar de mensen toekomt. De biebboot kan worden ingezet als mobiel filiaal en zo een groot gebied voorzien. Daarnaast kan de boot worden gebruikt als tijdelijke bibliotheek bij strand, camping of festival. Naast de biebboot, is er ook een geheel eigentijdse versie van de biebbus in ontwikkeling. Deze biebbus is gebaseerd op een standaard 40-voet-container-truck. Op de plaats van bestemming aangekomen wordt de container losgekoppeld en omhoog-geschoven, waardoor ruimte wordt gecreëerd voor verschillende functies, zoals een leesvloer, ruimte voor computers, speelruimte of een voordrachtsruimte.

Library Bus drawing showing convertible potential of the bus
Tekening van de Biebbus die de aanpasbaarheid van het ontwerp weergeeft
Image/beeld: Jord den Hollander

Library Boat 3D impression
Biebboot 3D impressie
Image/beeld: Bob Kleuters

Project: Library Boat/Bus
Project: Biebboot/-bus

Model for the Library Bus
Maquette van Biebbus
Image/beeld: Jord den Hollander

THE NETBOOK AND ITS LIBRARY

WAAR IS DE BIBLIOTHEEK VAN HET NETBOEK?

DANIEL VAN DER VELDEN

The Netbook and its Library
Waar is de bibliotheek van het netboek?

Daniel van der Velden
Designer and writer living in
Amsterdam. Together with
Vinca Kruk and Gon Zifroni,
he is a partner in the design
research collective
Metahaven, based in
Amsterdam and Brussels.
Also advising researcher in
the Design Department at
the Jan van Eyck Academy in
Maastricht, the Netherlands.
Daniel van der Velden is
ontwerper en schrijver in
Amsterdam. Samen met Vinca
Kruk en Gon Zifroni vormt hij
het onderzoekscollectief voor
design Metahaven, gevestigd
in Amsterdam en Brussel.
Hij is ook adviserend
onderzoeker bij de afdeling
Design aan de Jan van Eyck
Academie in Maastricht.

Information is all around us, but is it owned by anyone? If so, by whom? Daniel van der Velden investigates and experiments with the rise of alternative platforms for the accessibility and communication of information.

We worden omringd door informatie, maar is die informatie ook van iemand? En zo ja, van wie dan? Daniel van der Velden bekijkt en experimenteert met de opkomst van alternatieve platforms voor het toegankelijk maken en overbrengen van informatie.

On July 17, 2009, something curious happened to the Kindle – the device for electronic book reading developed by Amazon.com. That day, Kindle owners found that two novels by George Orwell had disappeared from their device, without explanation. Because of a faulty copyrights license *Animal Farm* **and** *1984* **were revoked by Amazon through a wireless system called 'whispernet,' by which the Kindle is remotely managed. From this Kindle incident – ironically involving works by Orwell, one of the most imaginative critics of grand structures of management and control – it is hard to predict what readers of the future e-book will be entangled in once they find themselves signing tricky contractual bonds with publishing houses, booksellers, and libraries by checking 'I agree' buttons. One simply no longer owns books as distinct objects but one owns the device that displays them, while the titles themselves are 'leased' to readers as packets of information, via advanced forms of remote management. 'The future of the book' (which is, it should be added, is not the same as 'the end of print') is being designed for us in Silicon Valley. With that reflection in mind the future of books**

Op 17 juli 2009 gebeurde er iets merkwaardigs met de Kindle, het apparaatje om elektronische boeken mee te lezen van Amazon.com. Op de dag merkten de bezitters van een Kindle namelijk dat er twee boeken van George Orwell zonder enige uitleg van hun apparaat verwijderd waren. Vanwege een ondeugdelijke copyrightlicentie waren *Animal Farm* en *1984* door Amazon weggehaald door middel van een draadloos systeem genaamd 'whispernet', waarmee de Kindle op afstand kan worden beheerd. Het is zonder meer ironisch dat het bij dit Kindle-incident om werken ging van Orwell, een van de meeste verbeeldingsrijke critici van grootschalige beheers- en controlesystemen, maar het is moeilijk om op grond van dit geval te voorspellen waarin de lezers van het toekomstige e-boek verwikkeld kunnen raken wanneer zij ingewikkelde overeenkomsten aangaan met uitgevers, boekverkopers en bibliotheken door op 'Ik ga akkoord' te klikken. Het is niet meer zo dat je domweg eigenaar bent van een boek als voorwerp op zich, maar dat je eigenaar bent van het apparaat dat de boeken zichtbaar maakt, terwijl de titels zelf als pakketjes informatie aan de lezer geleased worden, via geavanceerde vormen van beheer op afstand. 'De toekomst van het boek' (hetgeen, moet

does affect the future of the library as a public space.

The public library, where books are gathered to serve a collective purpose, is a place praised for its publicness. A recent picture of the Seattle public library displays a crowd of people at beautifully designed desks using computers and accessing the Internet. Meanwhile, nearby, the books sit in their racks, seemingly passive and mute, waiting to be picked up by readers. The image resembles the huge easyEverything cafes as opened during the dotcom economic boom – vast floor spaces filled with serial cubicles, open 24 hours a day for people to check e-mail and surf the Internet – with the difference that there are books in Seattle and not at easyEverything.

'THE FUTURE OF THE BOOK' IS BEING DESIGNED FOR US IN SILICON VALLEY

It appears that publicness is not a given. It depends on how, when and why people choose to congregate in public, and as far as anyone assumed that books possess the inherent and intrinsic capacity to cause publicness, one is increasingly proven wrong. Consequently libraries now recast themselves as retail spaces granting extensive display to ever-smaller numbers of mainstream books assumed to be of 'general interest'. In addition, the cross-fertilization between functions that are assumed to attract audiences (library, restaurant, shop, cinema, health spa, museum and gym, for example) is expected to continue, at least in the near future. If, however, publicness is defined as a probability of encounters that are unexpected, non-contractual and unmanaged, we might have to look somewhere else entirely; not at the construction of institutional 'facilities' varying in scale and management (effectively public benches and public libraries occupy the same category) but at the conditions that allow for these types of encounters. The desire to realize once again *grand public spaces* – such as libraries – at the very heart of civic society is understandable on the part of policymakers. But it runs the risk of overlooking those places and spaces where

toegegeven worden, niet hetzelfde is als 'het einde van het gedrukte boek') wordt voor ons ontworpen in Silicon Valley. Vanuit die gedachte heeft de toekomst van het boek dus ook gevolgen voor de toekomst van de bibliotheek als openbare ruimte.

De openbare bibliotheek als verzamelplaats van boeken tot 'nut van het algemeen' staat vooral bekend vanwege het openbare karakter. Op een recente foto van de openbare bibliotheek van Seattle zien we grote groepen mensen aan prachtig ontworpen werkplekken computers gebruiken en over het internet surfen. Intussen staan vlakbij de boeken schijnbaar passief en zwijgend op hun plank te wachten tot een lezer ze ter hand neemt. Het beeld lijkt een beetje op dat van de enorme easyEverything-cafés die ontstonden tijdens de economische dotcomhausse – uitgestrekte ruimten met rijen hokjes, waarin mensen vierentwintig uur per dag hun e-mail kunnen lezen en over het internet kunnen surfen – met dit verschil dat er in Seattle boeken staan en in easyEverything niet.

Het lijkt erop dat openbaarheid niet vanzelfsprekend is. Dat hangt af van hoe, wanneer en waarom mensen ervoor kiezen om in het openbaar samen te komen, en voor zover iemand ervan uitgaat dat boeken een inherent en intrinsiek vermogen hebben om openbaarheid te bewerkstelligen, wordt die veronderstelling steeds vaker gelogenstraft. Dientengevolge vernieuwen bibliotheken zich nu tot detailhandels met uitgebreide uitstallingen van een steeds minder gevarieerd aanbod van mainstreamboeken, die allemaal tot de categorie 'algemene interesse' worden gerekend. Daar komt nog bij dat de kruisbestuiving tussen allerlei functies waarvan gedacht wordt dat ze publiek aantrekken (bibliotheek, restaurant, winkel, bioscoop, kuuroord, museum en fitnessclub, bijvoorbeeld) waarschijnlijk nog wel even doorgaat, op zijn minst in de nabije toekomst. Wanneer we openbaarheid echter definiëren als een waarschijnlijkheid van ontmoetingen die onverwacht, niet-contractueel en spontaan zijn, moeten we wellicht heel ergens anders kijken. Niet naar hoe institutionele voorzieningen van verschillende schaal en beheersvorm zijn opgebouwd (in feite behoren straatmeubilair en openbare bibliotheken tot dezelfde categorie) maar naar de voorwaarden waaronder dergelijke ontmoetingen kunnen plaatsvinden. De wens om opnieuw *grootse openbare ruimten* (zoals bibliotheken) te verwezenlijken in het hart van de samenleving is begrijpelijk, gezien vanuit de positie van beleidsmakers. Zij dreigen echter de plaatsen en ruimten over het hoofd te zien waar nieuwe vormen van openbaarheid

The visuals accompanying this text were designed especially for this project. Together they form the narration of The Netbook and its Library.
De beelden die deze tekst begeleiden zijn speciaal voor dit project ontworpen. Zij kunnen gelezen worden als een visuele vertelling van het Netboek en de bibliotheek. Image/beeld: Daniel van der Velden

The Netbook and its Library

new forms of publicness appear in spite of their lack of institutional context. There is room for the argument that the more a public space is designed according to 'known' criteria the less it actually may be public. Ironically the more obvious a 'public space' is designed as such, the more it is, precisely for that reason, also 'protected' as such – e.g. managed and policed. Recently, the Tuscan city of Lucca, under pressure from the right-wing Lega Nord party, has issued a law prohibiting people from eating on the streets. Allegedly to protect the historical and monumental character of the city's architecture, this law was passed specifically to curb the uncontrollable sprawl of kebab snack bars that are considered 'non-Italian'. The unpredictability of encounter that constitutes public life and the unmanaged arrangement that constitutes the publicness of a space are conditions sought for and found in the margins and fringes of cities, rather than at their centre.

JAGGED GLOBALIZATION
The city of Rotterdam, for example, is in its own particular way a measurement of globalization. 'Globalization' and 'networks' are abstract concepts yet they do materialize in countless spatial effects and configurations. And rather

ontstaan, ondanks het feit dat ze geen institutionele context hebben. Je zou zelfs kunnen stellen dat hoe meer een openbare ruimte is ontworpen aan de hand van 'bekende' criteria, hoe minder openbaar ze feitelijk wordt. Het ironische is dat hoe duidelijker een 'openbare ruimte' als zodanig is ontworpen, hoe meer die ruimte juist daardoor ook als zodanig 'beschermd' wordt, dat wil zeggen beheerd en bewaakt wordt. In Lucca, een stad in Toscane, is onder druk

HET IS NIET MEER ZO DAT JE DOMWEG EIGENAAR BENT VAN EEN BOEK ALS VOORWERP OP ZICH, MAAR DAT JE EIGENAAR BENT VAN HET APPARAAT DAT DE BOEKEN ZICHTBAAR MAAKT

Dinosau
Informa

s of the
ion Age

than pretty, regulated and comfortable these spaces are *edgy, imperfect, jagged, disrupted, hybrid, dystopian,* but also *poppy.* The city of Rotterdam has an abundance of 'belhuizen' or 'phone houses' where, against a small fee, computers and telephones are available for personal use. If we think of the library as being a network instead of an established institution, the phone houses would be spaces where knowledge can be acquired and stored; perhaps, *a slum architecture of knowledge.* Unlike the easyEverything Internet-cafes, phone houses are instigated not on a corporate level but on a much smaller scale of entrepreneurship. Yet, like the city of Lucca does with its kebab shops, Rotterdam city hall tries to frustrate their rise arguing that they are simply a cover for secretive, illegal activities such as gambling and/or money laundering. Their presence falls outside the frame of reference associated with 'good' public space. They explicitly remind one, if only by their names, that for much of the people of Rotterdam their ties with other places on the globe – mediated through networks, information channels, satellite antennas – are as vital as those with the city they inhabit here and now. They do away with the rather quaint idea that public space would always present a distinctly site-specific, local condition (which can be easily extended to include only 'original' inhabitants as legitimate stakeholders). Even if the phone houses are only temporary forms, it seems important to record their presence as signposts of globalization and information networks.

THE NET AND THE SHELF
To test the accessibility of information an experiment was conceived in which the library was not used for two weeks when searching for and/or acquiring knowledge. The point being to suspend the structures and systems attached to the library as an institution.
In this scenario public knowledge is accessible through the Netbook.
Netbooks are not physical books nor are they e-books as read on the Amazon Kindle device, nor are they the small size budget laptops computers. The term Netbook is a description of how a single book exists on the net, distributed and fragmented in various partial incarnations. Netbooks are decentralized sets of knowledge that, when assembled, become the more or less coherent approximation of a book.
The frequently lamented – but equally praised

van de rechtse partij Lega Nord onlangs een wet uitgevaardigd waarbij het verboden wordt om op straat te eten. De maatregel was zogenaamd bedoeld om het historische en monumentale karakter van de stadsarchitectuur te beschermen, maar is er vooral op gericht om paal en perk te stellen aan de ongebreidelde groei van het aantal kebabtentjes, die als 'niet-Italiaans' worden gezien. De onvoorspelbare ontmoetingen waaruit het openbare leven bestaat en het ongeregelde dat de openbaarheid van een ruimte bepaalt, zijn omstandigheden die veel vaker gezocht en gevonden worden in de marges en aan de randen dan in het hart van de stad.

ZELFS WANNEER DE BELHUIZEN SLECHTS EEN TIJDELIJK VERSCHIJNSEL ZIJN, LIJKT HET VAN BELANG OM HUN AANWEZIGHEID TE DUIDEN ALS DE WEGWIJZERS VAN GLOBALISERING EN INFORMATIE-NETWERKEN

RAFELIGE GLOBALISERING
Rotterdam bijvoorbeeld is op zijn eigen specifieke manier een graadmeter van globalisering. 'Globalisering' en 'netwerken' zijn abstracte begrippen, maar ze krijgen wel materieel gestalte in talloze ruimtelijke effecten en configuraties. En die ruimten zijn niet zozeer leuk, geordend en aangenaam, maar eerder *gespannen, onvolmaakt, rafelig, ontregeld, hybride* en *dystopisch,* maar ook *poppy.* In Rotterdam heb je veel 'belhuizen' waar je tegen een geringe vergoeding gebruik kunt maken van computers en telefoons. Als we ons de bibliotheek voorstellen als een netwerk in plaats van als een gevestigd instituut, zouden de belhuizen ruimten kunnen zijn waar kennis wordt verworven en opgeslagen; een soort *sloppenwijkarchitectuur van kennis.* In tegenstelling tot de

– Google Books initiative for example, is centred on digitizing books through major corporate agreements, often involving libraries. Google offers its web visitors access to large parts of the scanned books for free but the availability of pages is still restricted. The online availability

IF WE THINK OF THE LIBRARY AS BEING A NETWORK INSTEAD OF AN ESTABLISHED INSTITUTION, THE PHONE HOUSES WOULD BE SPACES WHERE KNOWLEDGE CAN BE ACQUIRED AND STORED

of large volumes of scanned books undeniably presents something of a library condition without the necessity of a physical building. As a case study, an attempt was made to construct a Netbook out of Manuel Castells's seminal volume, *The Rise of the Network Society* (2000). Without having to purchase the book or even register with a service, the content of the book was 'scraped' from publicly available sources so as to make the Netbook effectively exist. The Netbook therefore supposes to provide an architecture of knowledge for the have-nots.

BOOKSCRAPING

'Scraping' a book begins by looking for its pages by all means available both online and offline, except for the consultation of a library. The incessant search for the pages of Castells' book began, predictably, at Amazon.com and Google Books. These private sources impose restrictions on access, which is linked to one's IP address. Restrictions may be averted by working from different computers and by switching between physical locations. The search continued by using other search engines besides Google; for example, Bing, or

easyEverything-internetcafés worden de belhuizen niet opgezet vanuit een overkoepelend bedrijf maar op een veel lager niveau van ondernemerschap. Maar net zoals de gemeente Lucca doet bij de kebabtentjes, probeert de gemeente Rotterdam de belhuizen tegen te werken met het argument dat het gewoon dekmantels zijn voor heimelijke, illegale praktijken zoals gokken en/of het witwassen van geld. Hun aanwezigheid valt buiten het referentiekader dat als 'goede' openbare ruimte geldt. Ze herinneren er ons nadrukkelijk aan, al was het maar door hun naamgeving, dat voor heel veel mensen in Rotterdam de banden met andere plekken op de wereldbol – waarmee contact wordt onderhouden via netwerken, informatiekanalen en schotelantennes – van even vitaal belang zijn als de stad waarin zij nu wonen. Zij hebben maling aan het nogal merkwaardig idee dat de openbare ruimte altijd een bepaalde, plaatsgebonden, lokale aangelegenheid zou zijn (een idee dat zomaar kan worden opgerekt zodat alleen maar 'oorspronkelijke' bewoners als rechtmatige belanghebbenden gelden). Zelfs wanneer de belhuizen slechts een tijdelijk verschijnsel zijn, lijkt het van belang om hun aanwezigheid te duiden als de wegwijzers van globalisering en informatienetwerken.

HET NET EN DE PLANK
Om de toegankelijkheid van informatie te testen, is een experiment opgezet waarin de bibliotheek twee weken lang niet werd gebruikt voor het zoeken naar en/of vergaren van kennis, met als achterliggende gedachte om de structuren en systemen die aan de bibliotheek als instelling verbonden zijn, tijdelijk buiten werking te stellen. In dit scenario is openbare kennis toegankelijk via het 'netboek'.
Netboeken bestaan niet materieel en het zijn ook geen e-boeken die je op een Kindle van Amazon leest. Ook zijn het geen 'netbooks', waarmee kleine, goedkope laptops worden bedoeld. De term netboek beschrijft hoe een boek op het net bestaat, opgedeeld en gefragmenteerd in diverse gedeeltelijke incarnaties. Netboeken zijn gedecentraliseerde verzamelingen van kennis die bij samenvoeging een min of meer coherente benadering van één enkel boek vormen.
Het vaak betreurde maar evenzeer geprezen initiatief van Google Books bijvoorbeeld, richt zich op het digitaliseren van boeken via overeenkomsten met grote bedrijven en instellingen, waaronder veelal bibliotheken. Google biedt zijn webgebruikers gratis toegang tot grote delen van de gescande boeken, maar welke pagina's beschikbaar zijn is nog aan beperkingen onderhevig. De online beschikbaarheid

Cuil. Many universities nowadays provide student course materials online, often through an application called Blackboard (a digital study platform), access to which is username- and password-protected. Since Castells is required reading in many a university programme, many .pdf files were found at Blackboard but not accessible to us. There are rare cases, however, where professors have taken up the scanning job themselves and have stored a .pdf on their personal home page, available for downloading.

THE CURRENCY UNIT BY WHICH THE NETBOOK IS COUNTED IS THAT OF THE PAGE

We have found a number of instances of this, which further enabled us to obtain pages from *The Rise of the Network Society*.
Besides the various online sources, it turned out that only two copies of the book were available from bookstores in the Netherlands. One

van grote hoeveelheden gescande boeken heeft onmiskenbaar iets weg van een bibliotheek, maar dan zonder dat er een gebouw voor nodig is.
Als casestudy is geprobeerd om een netboek te construeren uit het invloedrijke werk *The Rise of the Network Society* (2000) van Manuel Castells. Zonder het boek te hoeven aanschaffen of ons zelfs maar voor een dienst aan te melden, werd de inhoud van het boek 'bijeengeschraapt' uit openbaar beschikbare bronnen, waardoor het netboek daadwerkelijk tot stand kwam. Het netboek biedt daardoor een architectuur van kennis voor de bezitslozen.

BOEKEN SCHRAPEN
Het 'bijeenschrapen' van een boek begint met het op alle mogelijke manieren zoeken naar de bladzijden ervan, zowel online als offline, met uitzondering van het raadplegen van een bibliotheek. De niet-aflatende zoektocht naar de pagina's van Castells' boek begon, voorspelbaar, bij Amazon.com en Google Books. Deze particuliere bronnen leggen beperkingen op aan de toegang, die gekoppeld wordt aan het IP-adres van de gebruiker. Zulke beperkingen kunnen worden omzeild door vanaf verschillende computers te werken en vanuit wisselende locaties. Het zoeken werd voortgezet door ook andere zoekmachines dan Google te gebruiken, zoals Bing en Cuil. Veel universiteiten bieden tegenwoordig

of them was a second hand copy available at the The Hague branch of De Slegte, a discount bookstore chain. Using a mobile phone camera a number of pages of the book were reproduced on site.
The Netbook tries to substitute the original book as accurately as possible by means of makeshift solutions. The currency unit by which the Netbook is counted is that of the page. When pages are missing *gaps* will appear. These gaps can be considered *black holes*, offering no information and forming an interesting counterpoint to the theory that information around us is abundant. This experiment was able to reconstruct 68% of *The Rise of the Network Society* as a Netbook. 32% remained a black hole.
POSSIBLE FURTHER STAGES OF THE

DOES THE MYTH 'ABOUT THE BOOK' IN FACT REPLACE THE ORIGINAL AS WELL AS THE INCENTIVE TO READ IT?

NETBOOK
From the imperfect starting point of the Netbook mentioned above, one may get to know *The Rise of the Network Society* without reading the actual book itself. In a second stage of Netbook, the core of the book's thesis is reproduced and circumscribed through references, links, descriptions and citations. This represents the impressions and myths as have been built around the title. Does the myth 'about the book' in fact replace the original as well as the incentive to read it? The myth of the book materializes and lives its own life on the Net. This 'Netbook about the book' shows the network of secondary sources that refer to the original.
A Netbook may also outline the physical locations (public spaces) implied by its distributed existence. This 'Netbook as a library' lists the locations from which content has been uploaded or where content is stored. All these places can be thought of as having had access to the original title and therefore can be considered instances of a 'library'.

lesmateriaal online aan, vaak via de applicatie Blackboard (een digitaal studieplatform), waarbij de toegang tot het materiaal wordt afgeschermd met een gebruikersnaam en een wachtwoord. Aangezien Castells verplichte kost is in menig studieprogramma, waren er op Blackboard veel pdf-bestanden te vinden, die echter voor ons niet toegankelijk waren. Het komt echter af en toe voor dat docenten zulke scans zelf hebben gemaakt en de pdf-versie ervan beschikbaar stellen op hun persoonlijke homepage. Daarvan zijn we aantal gevallen tegengekomen, waardoor we nog meer pagina's van *The Rise of the Network Society* konden binnenhalen.
Dit waren enkele onlinebronnen, en daarnaast bleek dat er slechts twee exemplaren van het boek beschikbaar waren in boekwinkels in Nederland. Eén daarvan was een tweedehands exemplaar in de Haagse vestiging van antiquariaat De Slegte. Met de fotofunctie van een mobiele telefoon is een aantal pagina's van het boek ter plekke gereproduceerd. Het netboek probeert met behulp van geïmproviseerde oplossingen een zo accuraat mogelijke vervanging te zijn van het originele boek. De valuta-eenheid waarin het netboek wordt berekend, is die van het aantal pagina's. Als er pagina's ontbreken, ontstaan er *gaten*. Deze gaten kunnen worden beschouwd als *zwarte gaten* die geen enkele informatie leveren en een interessant tegenwicht vormen voor de theorie dat informatie in overvloed om ons heen aanwezig is. Bij dit experiment zijn wij erin geslaagd om 68% van *The Rise of the Network Society* als netboek te reconstrueren. 32% bleef een zwart gat.

MOGELIJKE VERDERE STADIA VAN HET NETBOEK
Met als uitgangspunt het onvolmaakte netboek zoals hierboven geschetst, is het mogelijk om *The Rise of the Network Society* te leren kennen zonder het boek zelf te lezen. In een tweede stadium van het netboek wordt de kern van de stelling van het boek gereproduceerd en omschreven door middel van verwijzingen, links, beschrijvingen en citaten. Tezamen vormen die de indrukken en mythes die rond dit werk zijn ontstaan. Vervangt de mythe 'rond het boek' in feite zowel het origineel zelf als de motivatie om het te lezen? De mythe van het boek wordt op het net werkelijkheid en leeft daar zijn eigen leven. Dit 'netboek over het boek' laat het netwerk van secundaire bronnen zien die naar het origineel verwijzen. Een netboek is ook een indicatie van de feitelijke locaties (openbare ruimten), afgeleid uit zijn gedistribueerde bestaan. Dit 'netboek als een bibliotheek' somt de locaties op waar de inhoud vandaan komt of waar die is opgeslagen. Al die plekken

PUBLICNESS, BOOKS AND THE LIBRARY
What this initial Netbook reconstruction of *The Rise of the Network Society* makes us specifically aware of is a sense of scarcity and poverty that is hardly ever mentioned in one sentence with high speed Internet. Networks are not smooth spaces, especially when looking outside of the highly regulated corporate standards like, in the case of the library, Google and Amazon. Consequently the cost of publicness will increasingly be a sense of scarcity, imperfection, and informality to which current regimes of design can only partially cater. This marginality is echoed to some extent by the way the phone houses manifest themselves as public symbols in the streets of Rotterdam. The library of the future may no longer occupy a single building. Its architecture is network architecture.

kunnen worden opgevat als plekken die toegang hebben gehad tot het originele werk en daarmee kunnen ze worden opgevat als voorbeelden van een 'bibliotheek'.

OPENBAARHEID, BOEKEN EN DE BIBLIOTHEEK
Wat deze eerste reconstructie als netboek van *The Rise of the Network Society* met name teweegbrengt, is een gevoel van schaarste en armoedigheid dat bijna nooit in één adem wordt genoemd met zeer snelle internetverbindingen. Netwerken zijn geen probleemloze ruimten, zeker niet wanneer je je buiten de strikt gereguleerde standaarden begeeft van, in het geval van de bibliotheek, grote bedrijven als Google en Amazon. Daarom zullen de kosten van openbaarheid steeds meer bestaan uit een gevoel van schaarste, onvolkomenheid en informaliteit waarvoor de huidige ontwerppraktijken slechts gedeeltelijk soelaas kunnen bieden. Deze marginaliteit is tot op zekere hoogte een weerklank van de manier waarop de belhuizen zichzelf in de straten van Rotterdam als openbare symbolen manifesteren. De bibliotheek van de toekomst kon wel eens niet langer in een enkel gebouw gehuisvest zijn. De architectuur van die bibliotheek is netwerkarchitectuur.

Bibliography

Abbate, Janet (1999) *Inventing the Internet*, Cambridge, MA: MIT Press.

Abegglen, J.C. and Stalk, G. (1985) *Kaisha: the Japanese Corporation*, New York: Basic Books.

Abolaffia, Michael Y. and Biggart, Nicole W. (1991) "Competition and markets: an institutional perspective", in Amitai Etzioni and Paul R. Lawrence (eds), *Socio-economics: Towards a New Synthesis*, Armonk, NY: M.E. Sharpe, pp. 211–31.

Abramson, Jeffrey B., Artertone, F. Christopher and Orren, Cary, R. (1988) *The Electronic Commonwealth: the Impact of New Media Technologies in Democratic Politics*, New York: Basic Books.

Adam, Barbara (1990) *Time and Social Theory*, Cambridge: Polity Press.

—— (2000) "The temporal gaze: the challenge for social theory in the context of GM food", *British Journal of Sociology*, 51(1): 125–42.

Adler, Gerald (1999) "Relationships between Israel and Silicon Valley in the software industry", unpublished masters thesis, Berkeley, CA: University of California.

Adler, Glenn and Suarez, Doris (1993) *Union Voices: Labor's Responses to Crisis*, Albany, NY: State University of New York Press.

Adler, Paul S. (1992) *Technology and the Future of Work*, New York: Oxford University Press.

Agence de l'Informatique (1986) *L'Etat d'informatisation de la France*, Paris: Economica.

Aglietta, Michel (1976) *Régulation et crise du capitalisme: l'expérience des Etats-Unis*, Paris: Calmann-Levy.

Alarcon, Rafael (1998) "Mexican engineers in Silicon Valley", unpublished PhD dissertation, Berkeley, CA: University of California.

Allen, G.C. (1981a) *The Japanese Economy*, New York: St Martin's Press.

—— (1981b) *A Short Economic History of Modern Japan*, London: Macmillan.

Allen, Jane E. (1995) "New computers may use DNA instead of chips", *San Francisco Chronicle*, May 13: B2.

7

The Edge of Forever:
Timeless Time

We [...] ry.
Yet [...] n-
cep [...] al
and [...] nt
deb [...] he
inf [...] is
one [...] ri-
cab [...] c-
cor [...] al
the [...] al
sci [...] in
nat [...] is
local. Focusing on the emerging social structure, I argue, in the tradition of Harold Innis, that "the fashionable mind is the time-denying mind,"[3] and that this new "time regime" is linked to the development of communication technologies. Thus, in order to appreciate the transformation of human time under the new social socio-technical context

1   The analysis of time plays a central role in the thought of Anthony Giddens, one of the leading sociological theorists of our intellectual generation. See, particularly, Giddens (1981, 1984). An extremely stimulating theorization of the relationship between time, space, and society is the work by Lash and Urry (1994); see also Young (1988). Adam (2000) offers a most innovative analysis of time-frames in relation to social debates, as epitomized by the conflicts over genetically modified food. For a more traditional, empirical approach to the social analysis of time, see Kirsch et al. (1988). For debates on various perspectives, see Friedland and Boden (1994). Of course, for sociologists, the classic references on social time continue to be Durkheim (1912) and Sorokin and Merton (1937). See also the pioneering work by Innis (1950, 1951, 1952) on regimes of time and space as defining historical epochs.
2   Adam (1990: 81, 87–90).
3   Innis (1951: 89ff); see also Innis (1950).

2. 'The Rise of the Network Society'

- Manuel Castells and the question of information age urbanity.

'The Informational city'

After 'The City and the Grassroots', where Castells in 1983s summarised his studies on the struggles around collective consumption, he turned to the more general questions of space and social relations in the new rapidly developing information age. His first writings on this issue may have been a UC Berkeley paper of 1984 'Towards the Informational city?', a theme he developed into the book on 'The Informational City' (1989) - Castells first major work on the information age. His main contribution is on the understanding this new situation at a structural or systemic level, an approach that continues in his last work, the trilogy on 'The Information Age: Economy, Society and Culture'. I will here focus primarily on the first volume 'The Rise of the Network Society' (1996).

As times go by, it becomes increasingly necessary, though, to open up for a wider range of life-world issues than before, like questions of experience, identity, the Self, architecture and urban design, towards which he now take his first probing steps. A new urban question is arising here.

Castells' title 'The Informational City' can be interpreted in several ways. I think

In a direct sense, the electronic networks collapses into simultaneous

This book, the first in Castells' ground-breaking trilogy, is an account of the economic and social dynamics of the new age of information. Based on research in the USA, Asia, Latin America, and Europe, it aims to formulate a systematic theory of the information society which takes account of the fundamental effects of information technology on the contemporary world.

The global economy is now characterized by the almost instantaneous flow and exchange of information, capital, and cultural communication. These flows order and condition both consumption and production. The networks themselves reflect and create distinctive cultures. Both they and the traffic they carry are largely outside national regulation. Our dependence on the new modes of informational flow gives enormous power to those in a position to control them to control us. The main political arena is now the media, and the media are not politically answerable.

Manuel Castells describes the accelerating pace of innovation and social transformation. He examines the processes of globalization that threaten to make redundant whole countries and peoples excluded from informational networks. He investigates the culture, institutions, and organizations of the network enterprise and the concomitant transformation of work and employment. He shows that in the advanced economies production is now concentrated on an educated section of the population aged between 25 and 40: many are excluded. His effect of this accelerating trend may not be mass unemployment but the extreme flexibilization of work and individualization of labor, and, as a consequence, a highly segmented social structure.

This new edition of *The Rise of the Network Society* has been substantially modified and details the new social and economic developments brought by the Internet and the "new economy." The volume has been updated throughout to take account of changes since its original publication.

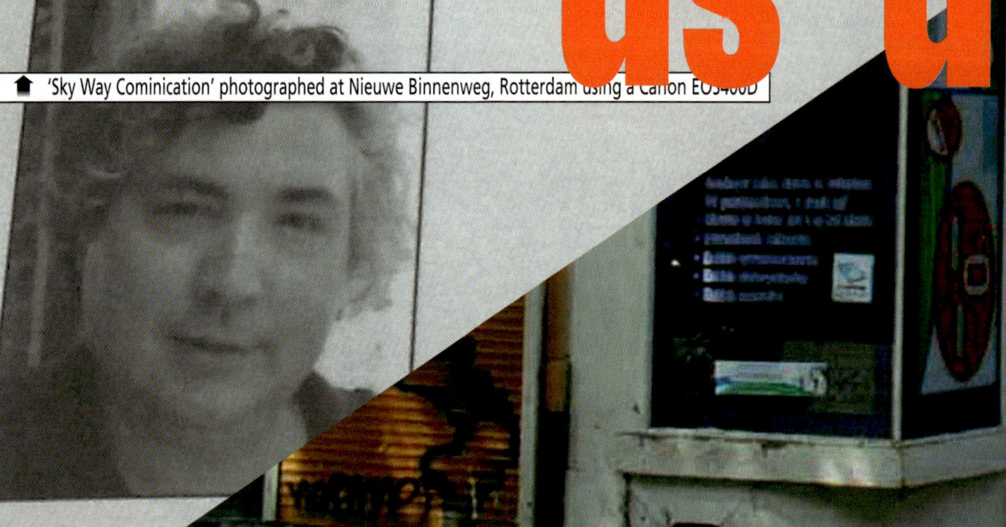

➤ 'Sky Way Cominication' photographed at Nieuwe Binnenweg, Rotterdam using a Canon EOS400D

Manuel Castells, Siena 1994.
Photograph: Emma Kiselyova

‘Sky Way Cominication’ photographed at Nieuwe Binnenweg, Rotterdam using a Canon EOS400D

TU Delft Library, main library of the Delft University of Technology
Bibliotheek TU Delft, centrale bibliotheek van de Technische Universiteit Delft

Architect: Mecanoo
Architect: Mecanoo

Design 1993–1995
Ontwerp: 1993–1995

Execution 1996–1998
Uitvoering: 1996–1998

The TU Delft Library houses one of the largest collections of technical books in the world. But instead of filling up the site with one large spatial volume Mecanoo merges building and landscape. Underneath an open green area at the heart of the university area – a public space for encounter, relaxation and inspiration – the library itself unfolds as an enclosed, meditative space. Approaching the building from the Mekelweg (the main axis of the campus) only a white concrete cone and an incision in the grass surface leading to the entrance indicate the special function of the building. From the other side the glass curtain walls under the outskirts of the lifted-up grass carpet provide a generous view on what goes on inside the building.
One of its main features is the spectacular wall of books at the end of the central hall, where four levels of books are accessible for students via narrow staircases and bridges. The large central hall houses reference books, periodicals and study desks. The middle of the hall is the open base of a large cone-like concrete structure that hovers above the floor. It pierces the sloped ceiling, finally rising above the grass-clad roof. Inside the cone, floors are suspended to accommodate smaller study areas.

De bibliotheek van de TU Delft bevat een van de grootste collecties technische boeken van de wereld. In plaats van het terrein vol te zetten met een groot en volumineus bouwsel laat Mecanoo gebouw en landschap in elkaar overvloeien. Vanonder een groot grasveld in het midden van de campus – een openbare plek waar mensen elkaar kunnen ontmoeten, kunnen ontspannen en inspiratie opdoen – doemt de bibliotheek op als een besloten, meditatieve ruimte. Als je het gebouw nadert vanaf de Mekelweg (de hoofdstraat van de campus) zijn een witte betonnen kegel en een insnijding in het grasveld die naar de ingang leidt de enige tekens die duiden op de speciale functie van het gebouw. Vanaf de andere kant bieden de glazen klimaatgevels onder de randen van het 'opgetilde' grastapijt ruim zicht op wat er in het gebouw gaande is.
Een van de grootste bijzonderheden is de spectaculaire muur van boeken aan het eind van de centrale hal, die bestaat uit vier etages met boeken die door de studenten te bereiken zijn via smalle trappen en bruggen. In de grote hal bevinden zich naslagwerken, tijdschriften en tafels om aan te studeren. In het midden van de hal is de open onderkant te zien van een grote kegelvormige structuur die boven de grond lijkt te hangen. Hij steekt door het schuin oplopende plafond en komt uit boven het grasdak. De binnenkant van de kegel is een vide waaromheen een paar verdiepingen hangen waar zich kleinere studieruimtes bevinden.

Exterior of the Technical University Delft library
Aanzicht bibliotheek Technische Universiteit Delft
Image/beeld: Christian Richters

Interior of the Technical University Delft library
Interieur bibliotheek Technische Universiteit Delft
Image/beeld: Christian Richters

TU Delft Library, main library of the Delft University of Technology

Bibliotheek TU Delft, centrale bibliotheek van de Technische Universiteit Delft

Four-story library wall of the Technical University Delft library
Boekenwand van vier verdiepingen in de bibliotheek Technische Universiteit Delft
Image/beeld: Christian Richters

THE ARCHITECTURE OF KNOWLEDGE DE ARCHITECTUUR VAN KENNIS

PUBLIC SPACE AS PUBLIC LIBRARY

OPENBARE RUIMTE ALS OPENBARE BIBLIOTHEEK

Public space as public library
Openbare ruimte als openbare bibliotheek

Jurgen Bey and Ester van de Wiel investigate the idea for a library at a location that is not only unexpected, but where history and context provide an opportunity for new and unexpected knowledge.

Jurgen Bey en Ester van de Wiel onderzoeken de gedachte van een bibliotheek op een locatie die niet alleen onverwacht is, maar waarvan geschiedenis en context een mogelijkheid van nieuwe en onverwachte kennis met zich meebrengen.

Jurgen Bey is industrial designer and co-founder and partner at Studio Makkink Bey. He was also recently appointed Director at the Sandberg Institute, Amsterdam. Ester van de Wiel is designer and curator in public space.
Jurgen Bey is industrieel ontwerper en mede-oprichter en vennoot van Studio Makkink Bey. Hij is in 2010 ook benoemd tot directeur van het Sandberg Instituut in Amsterdam. Esther van de Wiel is ontwerper en curator voor de openbare ruimte.

A library is an extension of the human brain. It is also the means by which someone can convey their thoughts to another person. Not so very long ago, a book was the most suitable medium to store knowledge and a public library was the best place to view a wide selection of books. The Greek word bibliothèkè, a combination of biblion (book) and thèkè (storage place, depository) literally means book depository. In the late 1970s, however, the library gained formidable competition: new media made an overwhelming entrance into our lives. These days, everyone can peruse the knowledge bases to be found swimming around the immeasurable space of the Internet, at any desired moment and from any location. As a result, the necessity for a physical public location has fallen away.

BOOK DEPOSITORY
Libraries reacted by not only offering books, but also videos, CD-roms and computers for everyone who wants to surf the World Wide Web. In addition, libraries provided an alternative for home users of the Internet by linking other urban functions to libraries, such as cafés, shops

Een bibliotheek is een extensie van het menselijke brein. Een bibliotheek is ook het gereedschap waarmee iemand zijn gedachten kan overdragen op iemand anders. Nog niet zo lang geleden was een boek het meest geschikte medium om kennis op te slaan en was een publiek toegankelijke bibliotheek de beste locatie om een keur aan boeken in te zien. Het Griekse *bibliothèkè*, een samenvoegsel van *biblion* (boek) en *thèkè* (bewaarplaats) betekent letterlijk *boekenbewaarplaats*. Eind jaren zeventig kreeg de bibliotheek echter geduchte concurrentie: de nieuwe media maakten een verpletterende intocht in ons leven. Tegenwoordig kan iedereen, vanaf iedere locatie en op elk gewenst tijdstip, inzage krijgen in alle kennisdragers die ronddwalen in de onmetelijke ruimte van het internet. Daarmee is feitelijk de noodzaak van een fysieke openbare locatie komen te vervallen.

BOEKENBEWAARPLAATS
Bibliotheken reageerden door niet alleen boeken aan te bieden, maar ook video's, cd-roms, en computers voor iedereen die op het world wide web wil navigeren. Bovendien werd de thuiswerkende internetter een alternatief geboden door andere stedelijke

and exhibition spaces. Just like the concert hall, the museum and the theatre, this public space is also judged these days on its ability to attract large numbers of visitors.

The crux of the matter, knowledge, is only one of the many reasons people might have to visit a library. In his essay 'The myth of the street', Bart Verschaffel criticizes this combination of functions and talks about the necessity for literally and figuratively fencing off specific playing fields. Every 'conditional public space', such as a law court, a church, a museum or a library, is accessible on the condition 'that people are prepared to speak the language of the institution (...). So the architecture creates a threshold, it specifies the boundaries within which relative autonomy applies (...)'. This autonomy safeguards not only the quality of the institution, but also the condition of possibility for criticism, according to Verschaffel.

We, too, can recognize the value of an actual physical location. At the same time, we are aware of the immeasurable richness of source material that has been added to the palette of possibilities for the library collection, since the introduction of Internet. In our vision, the library of the future will not just be literally, and certainly not exclusively, a book depository. What will remain are its physical character – a place where encounters can take place – and its symbolic meaning: the democratic right of free access to knowledge for everyone.

PUBLIC BUILDING

Selection is a crucial characteristic of every library. Once a book has made it past the selection criteria of a publisher, it meets the threshold of the library, which collects, makes choices about that collection, organizes, classifies and allows what was created in the mind of the

IN OUR VISION, THE LIBRARY OF THE FUTURE WILL NOT JUST BE LITERALLY, AND CERTAINLY NOT EXCLUSIVELY, A BOOK DEPOSITORY

functies te koppelen aan bibliotheken, zoals cafés, winkels, tentoonstellingsruimtes. Net als de concertzaal, het museum en het theater wordt ook deze publieke ruimte tegenwoordig afgerekend op haar vermogen grote bezoekersaantallen te trekken.

De zaak waar het om draait, kennis, is slechts een van de vele redenen om een bibliotheek te bezoeken. Bart Verschaffel hekelt in zijn essay 'De mythe van de straat' die vermenging van functies en spreekt over de noodzaak specifieke speelvelden letterlijk en figuurlijk af te bakenen. Iedere 'voorwaardelijke publieke ruimte', zoals een gerechtszaal, kerk, museum, bibliotheek, is toegankelijk op voorwaarde 'dat men bereid is de taal van de instelling te spreken (...). De architectuur creëert dus een drempel, ze geeft de grenzen aan waarbinnen een relatieve autonomie geldt (...)'. Die autonomie waarborgt niet alleen de kwaliteit van het instituut, maar schept ook de voorwaarden waarbinnen kritiek mogelijk wordt.

Ook wij zien de waarde van een eigen fysieke locatie. Tegelijkertijd hebben we oog voor de onmetelijke bronnenrijkdom die sinds het internet is toegevoegd aan het palet aan mogelijkheden voor de bibliotheekcollectie. In onze visie zal de bibliotheek van de toekomst niet meer letterlijk, en niet meer uitsluitend, een *boekenbewaarplaats* zijn. Wat zal blijven is haar fysieke karakter – plaats waar ontmoetingen kunnen plaatsvinden – en haar symbolische betekenis: het democratische recht van allen op vrije toegang tot kennis.

PUBLIEK GEBOUW

Selectie is een essentieel kenmerk van iedere bibliotheek. Wanneer een boek voorbij de selectiecriteria van een uitgeverij is geraakt, stuit het op de drempel van de bibliotheek, die verzamelt, keuzes maakt in die verzameling, ordent, rubriceert en toegankelijk maakt voor anderen wat in het brein van de erkende auteur is ontstaan. Die selecties, en niet te vergeten de adviserende rol van de bibliothecaris, vormen een leidraad voor de wijze waarop men kennis tot zich kan nemen, de kwaliteit die men eraan kan toeschrijven, maar ook: op welke andere boeken men als bij toeval kan stuiten, omdat ze bijvoorbeeld een plank hoger staan of een kast verderop zijn opgesteld. Dat men boeken alleen op bepaalde tijdstippen kan inzien, leek lange tijd onvermijdelijk. Dat een bibliotheek in de praktijk slechts toegankelijk is voor geschoolde mensen en wetenschappelijke gegevens alleen ontsloten worden door een nog kleinere groep, leek vóór de uitvinding van het internet ook al geen thema. Bibliotheken waren immers schatkamers vol geheimen die zich pas na enige inspanning prijsgaven aan degene die weloverwogen zocht.

acknowledged author to reach others. These selections, and, needless to say, the advisory role fulfilled by the librarian, create a guide for the way in which people absorb knowledge, the quality they can ascribe to it, but also: an introduction to other books people might stumble upon as if by accident, because they are lined up on the shelf above or the next bookcase, for instance.

That it was only possible for people to peruse books at certain times seemed unavoidable for a long time. The fact that, in practice, a library is only accessible to educated people, and scientific data is made exclusively available by an even smaller group, did not seem to be much of a concern before Internet was invented. Libraries were, after all, treasure troves full of secrets that would only be revealed to the person who put in some effort and carried out the search in a well-considered way. But books are no longer the only carriers of information and libraries are no longer exclusively the locations where people can access a wealth of knowledge bases. Search engines such as Google make texts, images and sounds available in the blink of an eye, without any differentiation between scientifically-obtained knowledge and the personal experiences of amateurs. Uncensored (with the exception of a few countries), undifferentiated and unlimited, the Internet surrenders absolutely everything to the public eye. To do that, it needs significantly less physical space than the library and it is not bound to opening hours. What the public library implicitly promises, access to knowledge for everyone, is literally provided by this new mass medium.

However, by now, some commentary on these great expectations is in order. From the comfort of one's own home, everyone can put forward knowledge, look things up and maintain contact with others about it on the public space of the Internet. But what we miss here is the critical authority who can tell us how we should judge that information. Real knowledge only becomes available provided someone can formulate the research inquiry precisely and someone can assess which information is worthwhile and which is gratuitous, coincidental, untrue.

As a public building, the library was and is a crucial element of life in the city and, as a knowledge depot, falls under the responsibility of the government. After all, access to knowledge is a matter of great importance. Not just for the articulate citizen in a democratic society who

Maar boeken zijn niet langer de enige dragers van informatie en bibliotheken zijn niet langer exclusief de locaties waar mensen toegang krijgen tot een keur aan kennisdragers. Zoekmachines als Google maken binnen een oogwenk teksten, beelden en geluiden toegankelijk, zonder onderscheid te maken tussen wetenschappelijk verkregen kennis en de persoonlijke ervaringen van amateurs. Ongecensureerd (op enkele landen na), ongedifferentieerd en onbeperkt geeft het internet álles prijs aan de openbaarheid. Het heeft daarvoor beduidend minder fysieke ruimte nodig dan de bibliotheek en het is niet gebonden

MAAR BOEKEN ZIJN NIET LANGER DE ENIGE DRAGERS VAN INFORMATIE EN BIBLIOTHEKEN ZIJN NIET LANGER EXCLUSIEF DE LOCATIES WAAR MENSEN TOEGANG KRIJGEN TOT EEN KEUR AAN KENNIS-DRAGERS

aan openingstijden. Wat de openbare bibliotheek impliciet belooft, toegankelijkheid van kennis voor iedereen, wordt door dit nieuwe massamedium letterlijk geboden.

Inmiddels kunnen we ook kanttekeningen plaatsen bij die hooggestemde verwachtingen. Iedereen kan vanuit de eigen huiskamer op de publieke ruimte van het internet kennis poneren, opzoeken en daarover contact met anderen onderhouden. Maar wat we daarbij missen, is de kritische instantie die vertelt hoe we die informatie moeten beoordelen. Echte kennis komt alleen vrij mits iemand de onderzoeksvraag precies kan formuleren en mits iemand kan inschatten welke informatie zinvol is en welke gratuit, toevallig, onwaar.

Als publiek gebouw was en is de openbare bibliotheek een cruciaal onderdeel van het (stedelijke) leven en behoort als verzamelplaats van kennis nog

wishes to be well-informed, but also for those at risk of falling back in the world. By providing simple access to sources of knowledge, a person can once again climb, grow and encounter people with the same interests.

The conditionality of what Verschaffel calls conditional public spaces, their specific characterization and rules of play, guarantee, in our opinion, that vulnerable public spaces can become possible and social activities really can succeed, provided they are receptive to diversity. That is why we propose to explore the library as an archetype of the conditional public and collective space, not as a means to celebrate the closed specificity of the library as we know it, but to offer a conditional platform for the large diversity of information sources; a physical port of refuge.

WHAT WOULD HAPPEN TO A LIBRARY COLLECTION IF YOU WERE TO DESIGNATE A LINEAR ZONE STRAIGHT THROUGH THE CITY AS A PUBLIC LIBRARY?

THE CITY AS COLLECTION

This exploration is not only focused on the knowledge bases, the media. It also delves into the types of knowledge that deserve to be shared with others, in the conviction that a public library can develop into a cabinet of curiosities to which all sorts of information and knowledge can relate. Where do we find knowledge for our library collection and how do we make that knowledge available?

What would happen to a library collection if you were to designate a linear zone straight through the city as a public library? What will the new

steeds tot de verantwoordelijkheden van de overheid. Toegang tot kennis is immers van groot belang. Niet alleen voor de mondige burger die binnen een democratische samenleving goed geïnformeerd wil zijn, maar ook voor degene die achterop dreigt te raken in de wereld. Door eenvoudige toegang tot kennisbronnen kan iemand weer klimmen, groeien en gelijkgeïnteresseerden ontmoeten.

WAAR HALEN WE KENNIS VANDAAN VOOR ONZE BIBLIOTHEEK-COLLECTIE EN HOE ONTSLUITEN WE DIE KENNIS?

De voorwaardelijkheid van wat Verschaffel de voorwaardelijke publieke ruimtes noemt, hun specifieke typologie en specifieke spelregels, garandeert naar onze mening dat kwetsbare publieke ruimtes mogelijk worden en sociale activiteiten daadwerkelijk kunnen slagen, mits ze openstaan voor diversiteit. We ontginnen daarom de bibliotheek als archetype van de voorwaardelijke publieke en collectieve ruimte om daarmee niet de gesloten specificiteit van de bibliotheek, zoals we haar kennen, te vieren maar om een voorwaardelijk platform, een fysieke vrijplaats te bieden aan de grote diversiteit van informatiebronnen.

DE STAD ALS COLLECTIE

Dit onderzoek is niet alleen gericht op de kennisdragers, de media. Het verdiept zich ook in de soorten kennis die het verdienen om gedeeld te worden met anderen, in de overtuiging dat een openbare bibliotheek kan uitgroeien tot een rariteitenkabinet waartoe allerlei vormen van informatie en kennis zich kunnen verhouden. Waar halen we kennis vandaan voor onze bibliotheekcollectie en hoe ontsluiten we die kennis? Wat zou er met een bibliotheekcollectie gebeuren als je een lineaire zone dwars door de stad benoemt tot openbare bibliotheek? Hoe ziet de nieuwe collectie eruit als alles wat de lijn op zijn weg tegenkomt – een winkel, ziekenhuis, café, volkstuin, school, park, etc. – onderdeel wordt van de collectie en de zone gaat functioneren als een (nieuwe) bibliotheek? Een verzorgde publieke ruimte die de regels

collection look like if everything the line meets on its way – shops, hospital, café, allotments, school, park etc. – becomes part of the collection and the zone starts to function as a new library? A well kept public space that follows the rules of the library, is open to the public and continuously organizes and exchanges knowledge. A strip in which diversity is celebrated, because you need others in order to accumulate knowledge, including very specific knowledge, about any and every subject.

van de bibliotheek volgt, openbaar is, voortdurend geactualiseerde kennis ordent en uitwisselt. Een strip waarin diversiteit gevierd wordt, omdat je een ander nodig hebt om kennis, ook heel specifieke kennis, te vergaren over ongeacht welk onderwerp.

Map indicating Hofplein line
Kaart met Hofpleinlijn aangegeven
Image/beeld: Google maps

THE HOFPLEIN LINE AS LIBRARY STRIP

The Hofplein line provides an opportunity to represent the library of the future because this location possesses several characteristics that correspond with the advantages of both the physical library and the Internet. For instance, the location is open to the public all day, every day and the line is associated with great diversity. It cuts right through Rotterdam: coming from the north via Kleiweg Station, the line continues its route past the Rotterdam Golf Centre, Sint Franciscus Gasthuis hospital, the RET public transport depot, a business park, the Rotterdam ring road (A20), the Noorder canal, school gardens, various houses, a church, a mosque, W.N. Rose's Water project, the North Rotterdam borough offices, Bergweg Station, Zadkine College and the Municipal Archives before reaching its terminus at Hofplein Station. If the line is hypothetically extended in the direction of the city centre, it hits the Pompenburg district, the Police station, the City Hall, the Stock Exchange and the Beurstraverse shopping centre. Diversity can also be found in the space underneath the raised tracks, which is in effect an elongated commercial building housing various businesses and semi-public functions.

The intention with this case is to consider the line as a graphic carrier, and to focus on the possible interactions which can take place here. Private en professional collections can merge, the entrances and connections take on an extra meaning, and the role of the librarian is also transformed by the idea of a library without a roof.

HOFPLEINLIJN ALS BIBLIOTHEEKSTRIP

De Hofpleinlijn biedt de mogelijkheid de bibliotheek van de toekomst vorm te geven, omdat deze 'locatie' enkele kenmerken heeft die overeenkomen met de voordelen van zowel het bibliotheekgebouw als van het internet. Zo is de locatie 24/7 openbaar toegankelijk en kent de lijn een grote diversiteit. De Hofpleinlijn snijdt dwars door Rotterdam: komend vanuit het noorden via Station Kleiweg vervolgt de lijn zijn traject langs het Golf Centrum Rotterdam, het Sint Franciscus Gasthuis, RET, een bedrijventerrein, de Ruit van Rotterdam (A20), het Noorderkanaal, schooltuinen, diverse woningbouw, kerk, moskee, het Singelplan van W.N. Rose, het Stadskantoor van deelgemeente Rotterdam-Noord, Station Bergweg, het Zadkine College, het Gemeentearchief en eindigt bij Station Hofplein. Als de lijn denkbeeldig doorgetrokken wordt in de richting van het stadscentrum, raakt hij Pompenburg, het politiebureau, het Stadhuis, de Beurs en de Beurstraverse. Diversiteit is ook te vinden in de ruimte onder het verhoogde tracé, een langgerekt bedrijfsgebouw waar verschillende bedrijfs- en semipublieke functies te vinden zijn.

De bedoeling bij deze casus is om de lijn als grafische drager te beschouwen, te concentreren op de mogelijke interacties die hier kunnen plaatsvinden. Private en professionele collecties kunnen samenkomen, de toegangen en verbindingen op de lijn krijgen extra betekenis , en ook de rol van de bibliothecaris wordt uitgebreid bij het idee van een bibliotheek zonder dak.

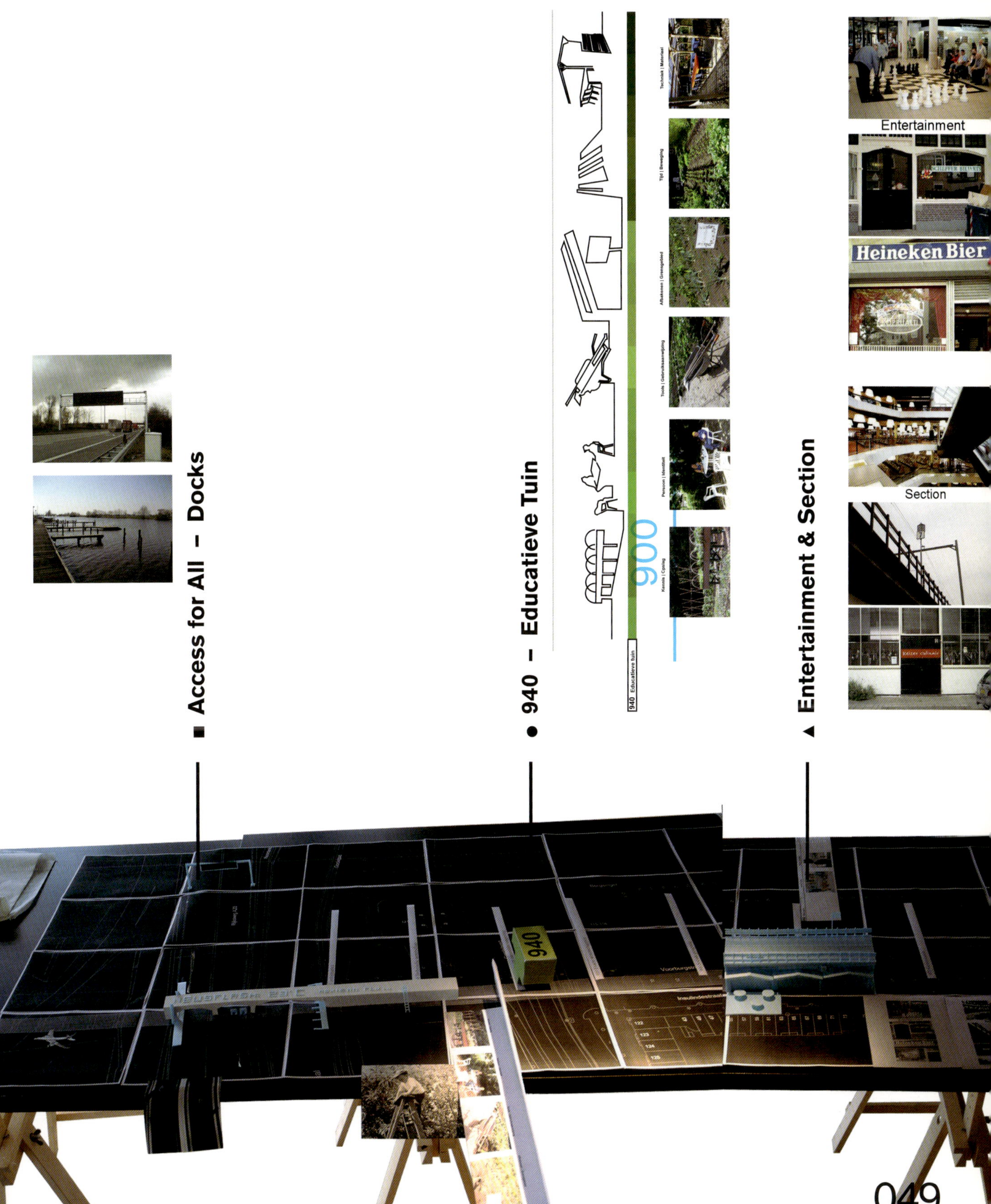

Access for All – Docks
940 – Educatieve Tuin
900
940 Educatieve tuin
Kennis | Opslag
Personen | Inferntait
Tools | Gebruiksaanwijzing
Afbakenen | Grensgebied
Tijd | Beweging
Techniek | Materiaal
Entertainment
Heineken Bier
Section
Entertainment & Section
940

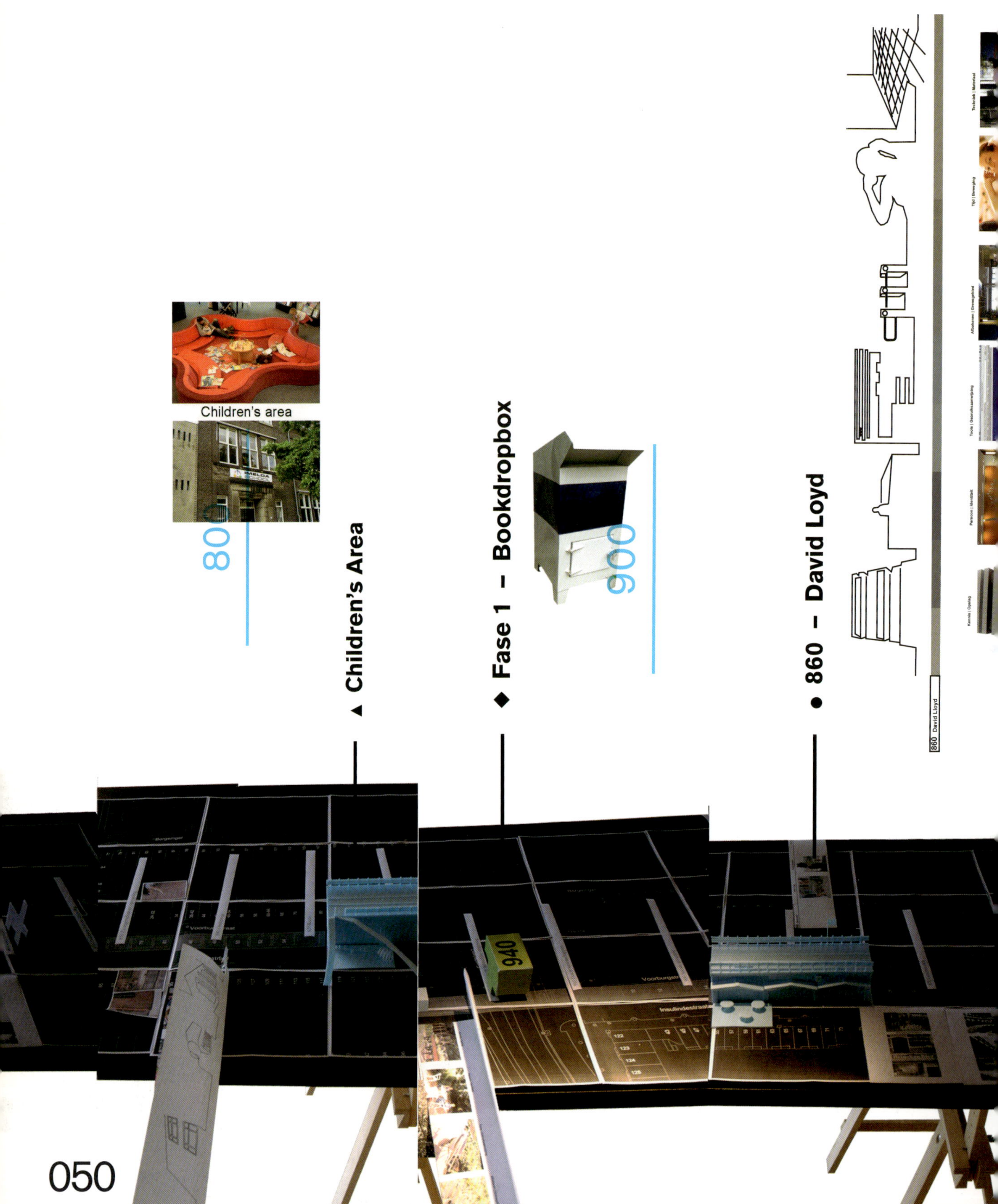
Children's area
800
▲ Children's Area
Fase 1 – Bookdropbox
900
940
860 – David Loyd
860 David Lloyd

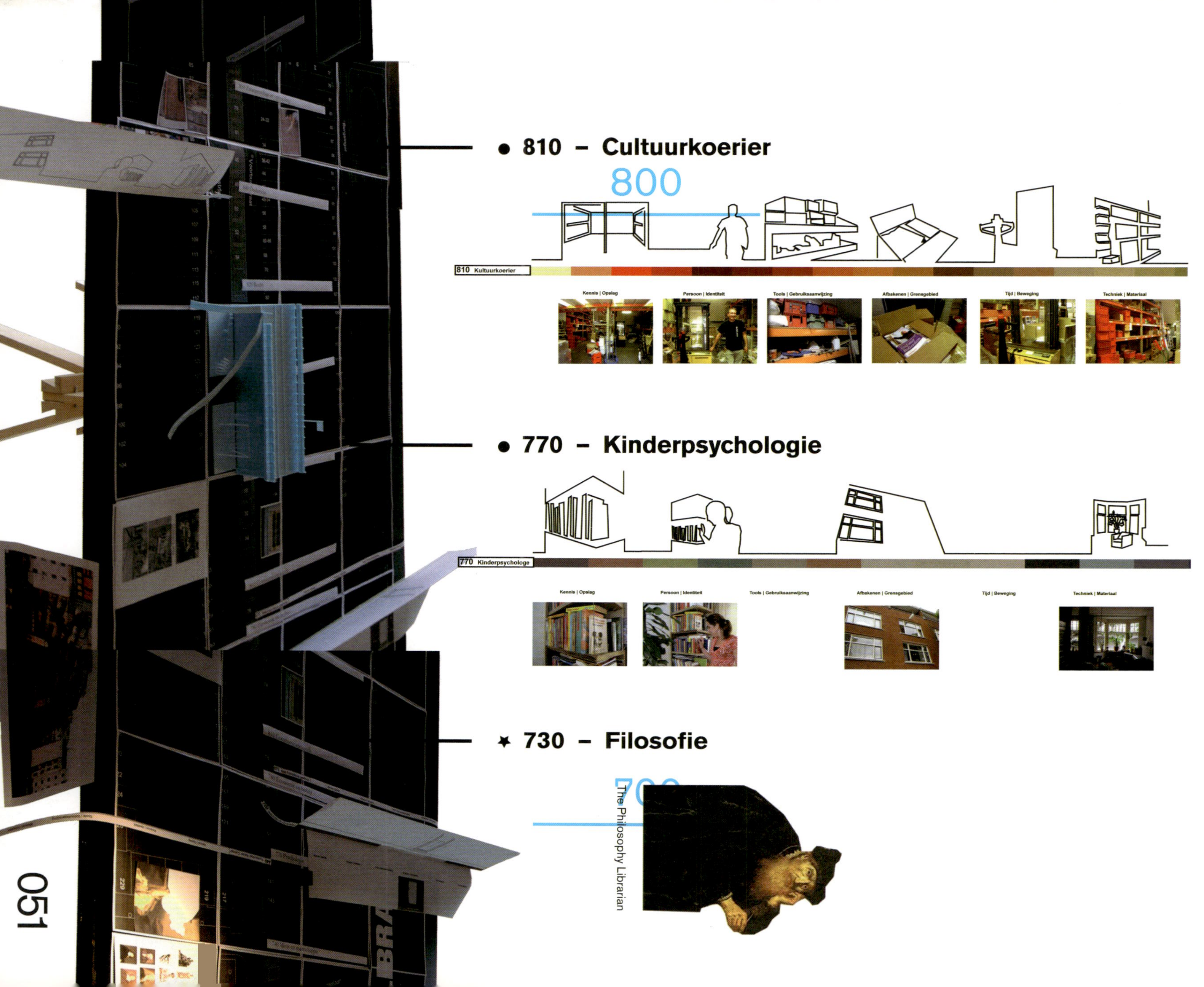
● 810 – Cultuurkoerier
800
810 Kultuurkoerier
Kennis | Opslag
Persoon | Identiteit
Tools | Gebruiksaanwijzing
Afbakenen | Grensgebied
Tijd | Beweging
Techniek | Materiaal
● 770 – Kinderpsychologie
770 Kinderpsychologe
Kennis | Opslag
Persoon | Identiteit
Tools | Gebruiksaanwijzing
Afbakenen | Grensgebied
Tijd | Beweging
Techniek | Materiaal
★ 730 – Filosofie
The Philosophy Librarian

700 Islamitische Universiteit
Kennis | Opslag
Persoon | Identiteit
Tools | Gebruiksaanwijzing
Afbakenen | Grensgebied
Tijd | Beweging
Techniek | Materiaal
700
● 700 — Islamitische Universiteit
● 680 – Gemeente Archief
UBLIC
HOFP
BRA
Voorburgstraat
Insulindestraat

Book showcase

▲ Bookshowcase & Bookshelf

Book Shelf

600

500

◆ **Fase 2 – Opening leesboog**

◆ **Fase 3 – Open Tuin**

The Travel Librarian

500

◆ Fase 4 – Workshop zeefdrukken

PLANT
JE
PLANT

★ 440 – Eten & Drinken

The Food & Drinks Librarian
Kookschool de Keijzer

400

▲ Bookdelivery & Reading Area

Book delivery

Reading area

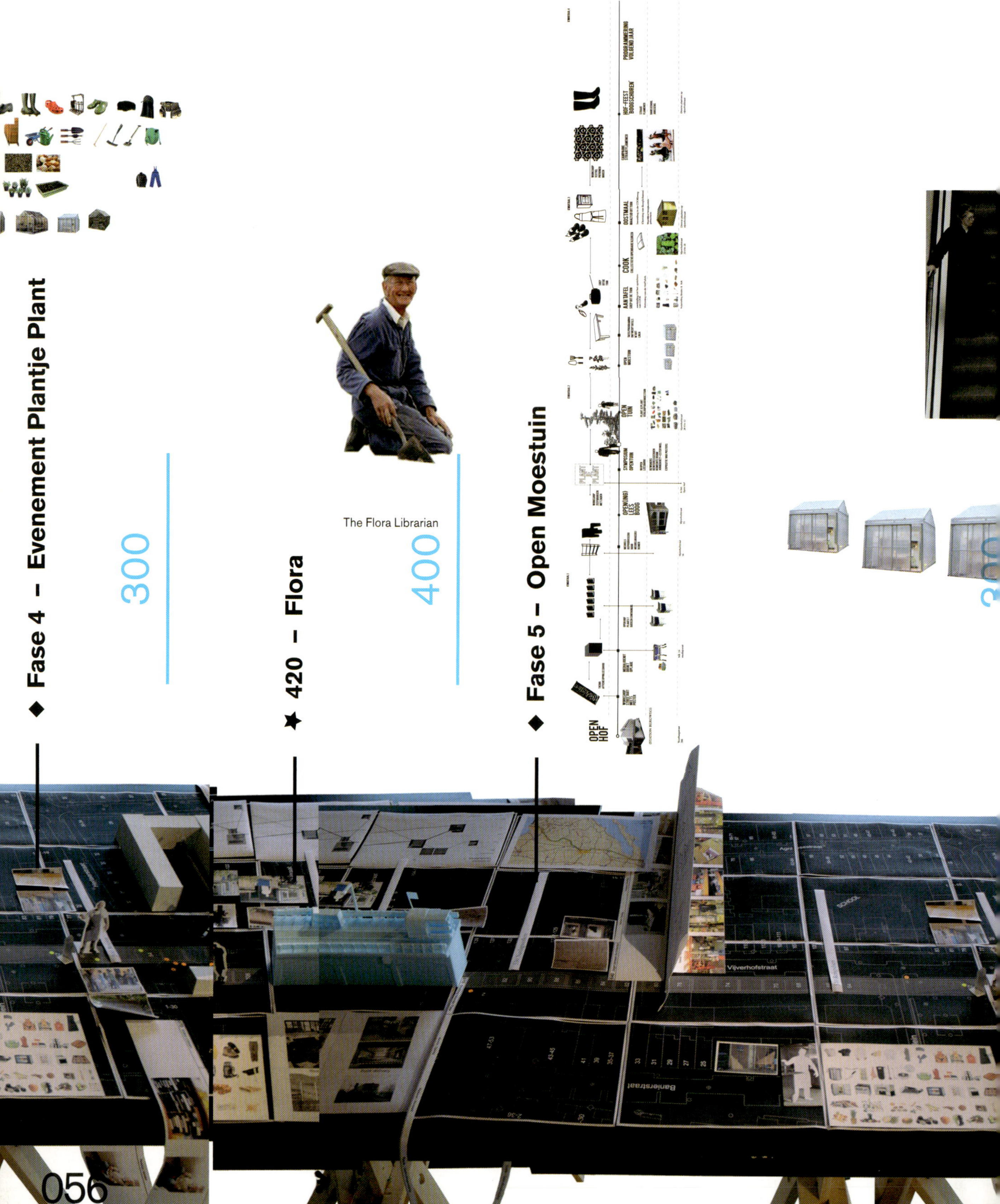
Fase 4 – Evenement Plantje Plant
300
420 – Flora
The Flora Librarian
400
Fase 5 – Open Moestuin
Vijverhofstraat
Banierstraat

Information

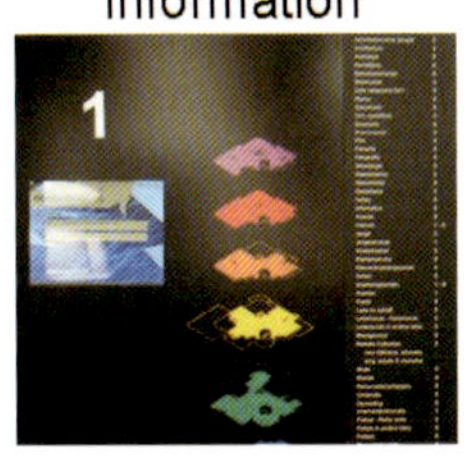

■ Access for All – Escalator

◆ Fase 6 – Collectief Oogsten

▲ Information & Gallery

Gallery

◆ Fase 7 – Gezamelijk Koken

◆ **Fase 8 – Workshop textielpatronen maken**

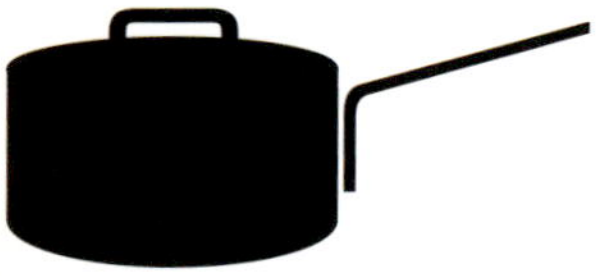

■ **Access for All – Stairs**
100

◆ **Fase 9 – Campagne Straatflamenco**
000

Case studies The Hofplein line
Case studies Hofpleinlijn

READING BETWEEN THE LINES
Merijn van Essen and Sander van Loon

In this plan, the upper part of the Hofplein line receives an extra dimension that relates to the surroundings as a contextual layer. It is a Terra Incognita where discoveries will be added in the course of time. Stillness and transfer of knowledge are the most important ingredients. Texts such as 'dream location', 'district 11' or 'no entry' are the pretext for organizing knowledge differently from usual. In order to strengthen communication, fictitious platforms will be set up where workshops, walks and other activities can be organized. Slowly but surely, a clear identity will emerge for the Hofplein line.

FREE ZONES FOR LOCAL COLLECTIONS
Linda van Sommeren and Eva Rius van Teeseling

By giving local and specific collections a place on the Hofplein line, a series is created, where formal and informal, professional and amateur, practical and theoretical knowledge can come together and complement each other. The focus here is on locally available collections, such as the professional collections stored in the hospital, the municipal archives, the educational garden, the Islamic university or the Zadkine college library, but also the private collections to be found within the walls of the apartments. For instance, someone could find everything to do with 'jams and preserves' at Hofplein line number 449 and would also be referred to another code, a garden where the ingredients can be harvested. It is a library that owes its existence to the gifts provided by its context.

ACCESS FOR ALL
Renée Heijkoop

Due to its previous public transport function, the high track line is connected to the underlying network of the city. There are stairs leading upwards, platforms and stations, but also viaducts. The line transects the city and,

READING BETWEEN THE LINES
Merijn van Essen en Sander van Loon

In dit plan krijgt de bovenkant van de Hofpleinlijn een extra dimensie die zich als een contextuele laag zal verhouden tot haar omgeving. Een terra incognita waarop ontdekkingen in de loop van de tijd worden ingetekend. Stilte en kennisoverdracht zijn hier de belangrijkste ingrediënten. Teksten als 'hier wordt gedroomd', 'wijk 11' of 'verboden toegang' zijn aanleiding om kennis op een andere dan de gebruikelijke manier te organiseren. Om de communicatie te versterken, worden fictieve platforms opgericht waar workshops, wandelingen en andere activiteiten worden georganiseerd. Langzaam maar zeker ontstaat zo een heldere identiteit voor de Hofpleinlijn.

FREE ZONES FOR LOCAL COLLECTIONS
Linda van Sommeren en Eva Rius van Teeseling

Door lokale en specifieke collecties een plek te geven op de Hofpleinlijn ontstaat een reeks waarin formele en informele, professionele en amateuristische, praktische en theoretische kennis elkaar ontmoeten en aanvullen. Hier wordt gericht op lokaal aanwezige collecties, zoals de professionele collecties die zijn opgeslagen in het ziekenhuis, het Gemeentearchief, de educatieve tuin, de islamitische universiteit en de bibliotheek van het Zadkine College, maar ook op de privécollecties die zich achter de gevels van de appartementen bevinden. Dan kan een bezoeker bijvoorbeeld op Hofpleinlijn 449 alle informatie vinden over 'inmaken' en wordt tevens verwezen naar een andere code, een tuin waaruit geoogst kan worden. Een bibliotheek die leeft van de schenkingen van zijn context.

ACCESS FOR ALL
Renée Heijkoop

Door de voormalige functie van openbaar vervoer verknoopt de lijn van het hoogspoor zich met het onderliggende netwerk van de stad. Er zijn trappen naar boven, perrons, stations, maar ook viaducten. De lijn doorsnijdt de stad en op haar beurt doorsnijdt de stad soms de lijn. Verschillende snelheden bewegen langs elkaar heen en vinden verschillende ingangen en rustplekken. Dat alles leidt tot ongelijktijdigheid en grote diversiteit.

in turn, the city sometimes transects the line. Different tempos pass each other by and discover different entrances and resting places. All of this leads to unsynchronized timing and wide diversity.

EVERYBODY CAN BE THE LIBRARIAN OF HIS OWN WORLD
Natasja Jonckheere

The library is not a building but an exceptionally personal series of encounters that stirs my imagination, feeds my dreams and turns me into an explorer. By transforming the library into a 'walk', individual series can be created; sometimes from A to B and sometimes much further.
If you consider everyone who passes by the Hofplein line as a librarian, the local knowledge possessed by amateurs, clubs, students and professionals can be made available and shared. That means that the expertise of the old gardeners at the allotments can find a place next to research data from slow food organizations and the amateurs from the metal detector society can exchange information with archaeologists. They are guides through a landscape where diverse forms of knowledge are collected.

INSIDE OUT
Womin Park

The existing infrastructure of the discontinued Hofplein line, with its technologically advanced and daring architecture, finds a sequel in this new age: there is little chance of losing worthwhile information at a safe height above the arches of the high track line, protected against possible raised water levels.
The floor plan of the Rotterdam public library is rolled out and stretched between the ends of the line. On and in the vicinity of the Hofplein line, analogies have been sought for the different components of the library, such as bookshelves, book trolleys, catalogue numbers, signposting, entertainment, gallery, café, children's corner, lighting and reading area. What would happen if the train were used to transport books, the shelter became a reading area, the buffet car became the library café and the façades of the surrounding buildings were used to recommend books?

EVERYBODY CAN BE THE LIBRARIAN OF HIS OWN WORLD
Natasja Jonckheere

De bibliotheek is geen gebouw maar een uitermate persoonlijke reeks ontmoetingen die mijn fantasie prikkelen, mijn dromen voeden en van mij een ontdekkingsreiziger maken. Door van de bibliotheek een 'wandeling' te maken, kunnen persoonlijke reeksen ontstaan, soms van a naar b en veel verder.
Door alle passanten van de Hofpleinlijn te zien als bibliothecarissen, wordt de lokale kennis van amateurs, verenigingen, studenten en professionals ontsloten en gedeeld. Zo kan de kennis van de oude tuinders op de volkstuin een plaats krijgen naast de onderzoeksgegevens van slowfood-organisaties en kunnen de amateurs van de metaaldetectorvereniging informatie uitwisselen met archeologen. Gidsen door een landschap waarin diverse vormen van kennis verzameld worden.

INSIDE OUT
Womin Park

De bestaande infrastructuur van de in onbruik geraakte Hofpleinlijn, een technisch vooruitstrevende en gedurfde architectuur, vindt in de nieuwe tijd haar vervolg: op een veilige hoogte van de bogen van het hoogspoortracé, beschermd tegen een mogelijke waterspiegelstijging, gaat waardevolle informatie niet verloren.
De plattegrond van de openbare bibliotheek van Rotterdam is uitgerold en tussen de eindpunten van de lijn gespannen. Voor de verschillende onderdelen van de bibliotheek, zoals de boekenkast, boekentrolley, boekennummers, bewegwijzering, entertainment, galerie, het café, kinderhoek, de verlichting en de leesplek zijn analogieën gezocht op en in de nabijheid van de Hofpleinlijn. Wat gebeurt er als de trein gebruikt wordt voor het aan- en afvoeren van boeken, de abri een leesplek is, de restauratiewagon het bibliotheekcafé wordt en de gevels van de omliggende gebouwen worden ingezet om nieuwe boeken aan te prijzen?

The Seattle Public Library
Openbare bibliotheek Seattle

Architect: OMA/LMN – a joint venture
Architect: OMA/LMN – a joint venture

Location: Seattle, Washington (USA)
Locatie: Seattle, Washington (VS)

Design: 1999
Ontwerp: 1999

Completed: 2004
Gereed: 2004

One of the main concerns in developing a new understanding for the library is to revaluate its position as the 'last public institution' in a changing urban context. In the Seattle project Rem Koolhaas used the concept of 'urban consolidation' he explored earlier in his competition entry for two university libraries for Bibliothèque Jussieu (Paris, 1994). Infrastructural elements typical of the city, such as streets, squares and buildings are reinterpreted as spatial components of the library, thus suggesting a continuation of the public realm. At the same time the division between interior and exterior is enhanced by its monumental shiny glass and metal exterior, evoking the classic image of the public library as a symbol of knowledge and culture. His Seattle library is perhaps best compared with a shopping mall typology. The classic program of the library consisting of information storage and information transfer is expanded and conceived as an artificially constructed 'urban event space', a staged sequence of experiences across different departments but at the same time offering endless possibilities on behalf of the reader. The visitor can wander around in the library and be seduced by a collection of books as

Een van de belangrijkste punten bij het ontwikkelen van een nieuwe visie op de bibliotheek is het herwaarderen van de positie van dit instituut als de 'laatste openbare instelling' in een veranderende stedelijke context. Voor het project in Seattle gebruikte Rem Koolhaas het idee van 'stedelijke consolidatie', dat hij eerder had uitgewerkt in het ontwerp voor de prijsvraag van twee universiteitsbibliotheken voor de Bibliothèque Jussieu (Parijs, 1994). Elementen die typerend zijn voor de infrastructuur van een stad, zoals straten, pleinen en gebouwen, heeft hij opnieuw geïnterpreteerd als ruimtelijke componenten van de bibliotheek, waardoor het lijkt of het publieke domein doorloopt. Tegelijkertijd is de scheiding tussen binnen en buiten benadrukt door de monumentale buitenkant van glas en staal, wat juist het klassieke beeld oproept van de openbare bibliotheek als symbool van kennis en cultuur. Zijn bibliotheek in Seattle is qua typologie misschien het best te vergelijken met een winkelcentrum. De klassieke functie van de bibliotheek als opslagplaats en doorgeefluik van informatie is uitgebreid en ingericht als een kunstmatig geconstrueerde 'bruisende stad', een georganiseerde reeks belevenissen verdeeld over verschillende afdelingen, maar die de lezer eindeloze mogelijkheden bieden. De bezoeker kan rondwalen door de bibliotheek en zich laten verleiden door boeken

well as by possibilities for social encounters and visual stimulation, all at the same time. The building is divided into five thematic platforms, each with a specific character: 'parking' on the bottom, 'store' at ground level, 'assembly' at the third floor, followed by two floors of books and administration. The in-between spaces are like trading floors where the interface between the platforms is organized – spaces for work, interaction, reading and play. From the fifth level a continuous spiralling boulevard, The Book Spiral (that can house 1,450,000 books) leads to a vast reading room and enables the visitor to browse through the collection in an intuitive manner, while coincidentally offering views over the city.

in alle soorten en maten, maar er is ook ruimte voor sociale ontmoetingen en er is van alles te zien. Het gebouw is opgedeeld in vijf thematische platforms, ieder met hun eigen karakter: 'parkeren' onder de grond, 'winkel' op de begane grond, 'samenkomen' op de derde verdieping, en dan twee verdiepingen met boeken en administratie. De tussenliggende ruimten zijn een soort 'handelsvloeren' waar de verbinding tussen de platformen wordt geregeld – plekken voor werk, interactie, lezen en spelen. Vanaf de vijfde verdieping begint een spiraalsgewijs doorlopende boulevard, The Book Spiral (waar plaats is voor 1.450.000 boeken), die naar een enorme leeszaal leidt en de bezoeker in staat stelt om op een intuïtieve manier door de collectie te snuffelen, met af en toe een prachtig uitzicht over de stad.

The Seattle Public Library
Openbare bibliotheek Seattle

Atlas
Human
Body

THE LEARNING JUNGLE

DE JUNGLE VAN HET LEREN

RIENTS DIJKSTRA & JASON HILGEFORT

The Learning Jungle
De jungle van het leren

Rients Dijkstra is principal of Maxwan Architects + Urbanists, based in Rotterdam; senior architect and urban designer Jason Hilgefort is architect at Maxwan

Rients Dijkstra staat aan het hoofd van Maxwan Architects + Urbanists in Rotterdam. Senior architect en stedelijk ontwerper Jason Hilgefort is architect bij Maxwan.

Architects Rients Dijkstra and Jason Hilgefort seem tired of the traditional systems of categorization in today's public libraries. Instead, they propose library users to communally create a catalogue where they themselves determine the location and the value of information.

Architecten Rients Dijkstra en Jason Hilgefort lijken het een beetje te hebben gehad met de traditionele rubriceringssystemen van de huidige bibliotheek. Zij stellen dan ook voor dat de gebruikers van de bibliotheek gezamenlijk een catalogus maken waarbij zijzelf de plaats en de waarde van de informatie bepalen.

The Library of the Future is not a building. It is a *concept* – one that allows for the transformation of existing libraries as well as the design of new libraries of a completely different nature. The Library of the Future *must* be an idea on how to help the book survive the onslaught of the new media; and allow the graceful retreat of the book as the dominant medium for the storage of knowledge, art and fiction. By giving books a new meaning, they will form a vivid background to the growing offerings of digital media.
The important first step in re-appreciating the book is to *free* the books from the shelf, and *free* them from any pre-determined order, most often the Dewey Decimal Classification.[1]
What if the library were a place that allowed you to write, learn, build, create, discover, browse, etc? But the current library is not flexible enough to allow all these things to happen: all books are tied to their shelves, finding books can be confusing, even librarians may struggle to find information, and physical and digital media are completely separated.
The biggest threat to the current library is its

De Bibliotheek van de Toekomst is geen gebouw, maar een *concept*. Een concept waarmee niet alleen bestaande bibliotheken kunnen worden omgevormd, maar waarmee ook nieuwe, compleet andere bibliotheken kunnen worden ontworpen. De Bibliotheek van de Toekomst *moet* een idee zijn over hoe we het boek kunnen helpen om de aanval van de nieuwe media te overleven en hoe het zich op een elegante manier kan terugtrekken als regerend medium voor het opslaan van kennis, kunst en fictie. Door boeken een nieuwe betekenis te geven, kunnen ze een levendige achtergrond vormen voor het groeiend aanbod aan digitale media. Een belangrijke eerste stap in de herwaardering van het boek is dat we de boeken moeten *bevrijden* van de plank en van een vooraf vastgestelde indeling, meestal de Dewey Decimal Classification.[1] Zou het niet mooi zijn als de bibliotheek een plek was waar je kon schrijven, leren, bouwen, creëren, bladeren, et cetera? De huidige bibliotheek is echter niet flexibel genoeg om dit allemaal te realiseren: alle boeken zijn gebonden aan hun plank, het vinden van boeken kan tot verwarring leiden. Zelfs bibliothecarissen kunnen moeite hebben met het vinden van informatie en er heerst een strikte

1. **The Dewey Decimal Classification (DDC, also called the Dewey Decimal System) is a proprietary system of library classification developed by Melvil Dewey in 1876. This system organizes books on library shelves in a specific and repeatable order that makes it easy to find any book and return it to its proper place. The system is used in 200,000 libraries in at least 135 countries. (source: Wikipedia)**

1. De Dewey Decimale Classificatie (DDC, ook wel aangeduid als het Dewey Decimale Systeem) is een beschermd systeem voor bibliotheekindeling dat in 1876 is ontwikkeld door Melvil Dewey. het systeem ordent boeken op de planken van de bibliotheek door een specifieke, herhaalbare manier waardoor boeken gemakkelijk kunnen worden gevonden en weer op de juiste plek teruggezet. Het systeem is in 200.000 bibliotheken in minstens 135 landen in gebruik. (Bron: Wikipedia)

The visuals accompanying this text were designed especially for this project. Together they form the narration of the Learning Jungle.
De beelden die deze tekst begeleiden zijn speciaal voor dit project ontworpen. Zij kunnen gelezen worden als een visuele vertelling van de Learning Jungle.
Image/beeld: Studio Maxwan

failure to integrate – i.e. treat the digital section of their offerings in the same way as books. The accessibility of online media is packaged – in a computer – with all the other functionality of the Web and the computer's software. The attraction of this almost all-in-one access to images, texts and all that is Web is so strong that the book will lose the battle whenever library patrons are placed in a position to choose between these two formats for generating, archiving and consuming information.

We need a library where the distinction between digital media and books no longer exists.

IMPOSSIBLE?
Enter RFID (Radio Frequency IDentification). It is a technology where a tag is incorporated into an object to identify it and track it using radio waves. RFID is an existing and a commonly used technology and research has already been done to investigate its application in libraries., with ecouraging results.

WHAT DOES THIS MEAN?
1 Auto check-in, check-out means easy access, no hassle, no embarrassment, etc.
2 Tag functionality means web-like search, user-set preferences, ever richer and infinitely more refined search options, user ratings, etc.
3 Active RFID means you can physically locate things – it points you in the right direction. This liberates the book from the confines of the Dewey System. This means books are *free*, books can mingle, books can be ordered by anyone, etc.

This concept also allows for the idea of a 'least-in-demand' cellar: the library can move the most popular books to the most frequented spaces, while shifting the books that are less in demand to more secluded rooms.

This also opens up the possibility of a ntew form of organization of the media, one that is more self-organized and adaptable and allows the users to change the location of the media, and thereby shift the way the organization is perceived. This presents many possibilities. In the case of an event, such as the passing of Michael Jackson, in this sort of environment/system users could spontaneously rearrange the media to create a shrine to him. Another possibility is that the library can adapt itself to reflect the various media used during the different seasons, for example: summer reading versus winter reading.

scheiding tussen tastbare en digitale media.
De grootste dreiging voor de huidige bibliotheek komt voort uit haar eigen onvermogen om het digitale deel van het aanbod te integreren – op gelijke voet te stellen – met de boeken. De toegang tot online media zit in een computer, in één pakket met alle verdere functionaliteit van het web en computerprogramma's. Die bijna alles-in-één-toegang tot beelden, teksten en alle andere aspecten van het web heeft zo'n sterke aantrekkingskracht dat het boek de strijd zal verliezen wanneer bibliotheekbezoekers kunnen kiezen tussen deze twee manieren om informatie te genereren, te archiveren en te consumeren. Er is behoefte aan een bibliotheek waarin het onderscheid tussen digitale media en boeken is opgeheven.

ZOU HET NIET MOOI ZIJN ALS DE BIBLIOTHEEK EEN PLEK WAS WAAR JE KON SCHRIJVEN, LEREN, BOUWEN, CREËREN, BLADEREN, ET CETERA?

ONMOGELIJK?
Niet met RFID, een technologie waarbij een *tag* in een voorwerp wordt verwerkt, zodat dat voorwerp kan worden geïdentificeerd en kan worden gevolgd door middel van radiogolven. RFID (Radio Frequency IDentification) is een bestaande en al veel toegepaste technologie, en er is al onderzoek verricht naar de toepassing ervan in bibliotheken, met bemoedigend resultaat.

WAT BETEKENT DAT?
1 Automatische uitleen en terugbreng betekent hoge toegankelijkheid, geen gedoe, geen gêne, et cetera.
2 De functionaliteit van tags biedt web-achtige zoekmethoden, door gebruikers gedefinieerde voorkeuren, steeds rijkere en oneindig verfijnde zoekopties, gebruikersbeoordelingen, et cetera.
3 Actieve RFID houdt in dat je dingen fysiek kunt lokaliseren – het wijst je in de juiste richting. Daarmee wordt het boek bevrijd van de beperkingen van het Dewey-systeem. Dat betekent dat boeken *vrij* zijn, zich onder andere boeken kunnen mengen, door iedereen kunnen worden besteld, et cetera.

This not only frees the media and the users, it also liberates the librarian. No longer tied to a desk and forced to spend countless hours collecting, distributing, and organizing books, librarians may take on their natural role: that of the curators of knowledge and learning.
The library should be the Centre of Learning. Currently, many of the spaces dedicated to the

ANOTHER POSSIBILITY IS THAT THE LIBRARY CAN ADAPT ITSELF TO REFLECT THE VARIOUS MEDIA USED DURING THE DIFFERENT SEASONS, FOR EXAMPLE: SUMMER READING VERSUS WINTER READING

access of knowledge are scattered throughout the city. These spaces can be housed within the library itself, thereby creating a true hub of knowledge and a thriving space that is focused on learning.
A test case can be imagined at the current site of the Rotterdam Public Library. It is an ideal location with immediate access to public space, public transport, restaurants, shops, etc. The ground floor can be a roomy main library space for public exchange, freely interacting with the public space surrounding it. The upper floors could be used for more semi-secluded spaces for learning. Each floor with specified zones that cater to a different and more focussed activity, such as: lecture halls, children's zones, office spaces, cafes, creative spaces, study areas, and spaces for small group meetings. This building concept would allow for more traditional building layouts or a more flexible arrangement of the media and spaces.
The combination of new media requirements

Door dit concept wordt ook het idee van een 'minst-in-zwang'-kelder mogelijk: de boeken waar het meest vraag naar is, kunnen worden verplaatst naar de plek waar de meeste mensen komen en boeken die minder in zwang zijn kunnen verhuizen naar meer afgelegen ruimten.
Daarmee ontstaat ook de mogelijkheid om de diverse media op een nieuwe manier te organiseren, op een meer zelforganiserende en flexibeler manier, die de gebruikers in staat stelt om de locatie van de media te veranderen, waardoor ook een andere kijk ontstaat op die organisatie zelf. Dat biedt allerlei mogelijkheden. Als er iets bijzonders gebeurt, zoals het overlijden van Michael Jackson, kunnen gebruikers in een dergelijke omgeving/systeem bijvoorbeeld spontaan de media anders rangschikken, zodat er een gedenkplaats ontstaat. Of een bibliotheek kan zichzelf aanpassen om de diverse media te presenteren die bij verschillende seizoenen horen, bijvoorbeeld zomerlectuur tegenover winterlectuur.
Dit bevrijdt niet alleen de media en de gebruikers, maar ook de bibliothecarissen. Wanneer die niet langer gebonden zijn aan een bureau en niet meer talloze uren hoeven te besteden aan het verzamelen, verspreiden en organiseren van boeken, kunnen ze hun 'natuurlijke' rol weer oppakken: die van de hoeders van kennis en kennisverwerving.
De bibliotheek moet eigenlijk een Centrum van Leren zijn. In de huidige situatie zijn veel ruimten die bedoeld zijn om toegang te bieden tot kennis over de stad verspreid. Die ruimten kunnen binnen de bibliotheek zelf gehuisvest worden, waardoor er een echt knooppunt van kennis ontstaat en een bloeiende ruimte die zich volledig richt op leren.
Je zou je een testcase kunnen voorstellen op de huidige locatie van de Rotterdamse Openbare Bibliotheek. Dat is een ideale locatie met directe toegang tot onder meer de openbare ruimte, het openbaar vervoer, restaurants en winkels. De begane grond kan fungeren als een ruime bibliotheekzaal voor openbare gedachtewisseling in interactie met de openbare ruimte eromheen. De bovenverdiepingen zouden kunnen worden gebruikt voor meer halfbesloten ruimten om te leren. Met op iedere verdieping speciale ruimten voor meer gerichte activiteiten; ruimten voor lezingen, plekken voor kinderen, kantoorruimten, cafés, ruimten voor creativiteit, studiezalen, en kleine vergaderzalen.
De combinatie van de vereisten voor nieuwe media en het bevrijden van de boeken vraagt om nieuw meubilair. De dagen van de boekenplanken zijn geteld, het tijdperk van de microplank is aangebroken. Microplanken kunnen voor allerlei media worden gebruikt, zijn flexibel qua opslag en ruimtegebruik en

WE'RE THINKING OF A LIBRARY WHERE THE DISTINCTION BETWEEN DIGITAL MEDIA AND BOOKS NO LONGER EXISTS...

BUT THE CURRENT LIBRARY IS NOT FLEXIBLE ENOUGH TO ALLOW ALL THESE THINGS TO HAPPEN.

TRADITIONAL LIBRARY	FUTURE LIBRARY
PHYSICAL	DIGITAL + PHYSICAL
STATIC	DYNAMIC
PRE-ORGANISED	CONSTANTLY RE-ORGANISED
ONE ORDER	FREEDOM
FIXED	FLEXIBLE
ONE-TO-MANY	MANY-TO-MANY
PRE-PRODUCTION	CO-PRODUCTION
TECHNOLOGY SEPARATED	TECHNOLOGY EMBRACED
CONSUMER	PROSUMER
STANDARDISATION	CUSTOMISATION

FROM A STATIC EXPERIENCE, TO A DYNAMIC EXPERIENCE

IMPOSSIBLE?

WE CAN DO THIS USING EXISTING TECHNOLOGY! RFID

THE DAYS OF THE SHELVES ARE OVER

and the freeing of the books call for new furniture. The days of the shelves are over. We are entering the age of the micro shelf. Micro shelves allow for a variety of media, flexibility of both storage and space, and can be adapted to the wishes of users and the demands of space. They can be assembled into a more traditional system, but also allow users to create their own spaces, and arrangements. Additionally, by using a simple colour coding system and LED technology the organizational system of the library can be visualized, adding clear legibility and flexibility.

With the nature of the library shifting from a quiet static place to that of a more dynamic environment, the idea of a quiet place to read could be lost. This can be avoided by creating private pods where users may retreat to have a more intimate moment of listening, viewing, reading, meeting, etc.

What would the character of the library be? It could take many forms, ranging from a series of random piles of books to a more traditional layout. But the desired quality is that of a park environment with assorted media lying about. Users may chat, lounge, read, listen, and amble freely amongst knowledge and each other.

MOVEMENT FROM 'TRADITIONAL' TO 'FUTURE'

FROM PHYSICAL TO DIGITAL

FROM STATIC TO DYNAMIC

FROM PRE-ORGANIZED TO SELF-ORGANIZED

FROM ORDER TO DISORDER

FROM FIXED TO FLEXIBLE

FROM HIGHBROW KNOWLEDGE TO POP KNOWLEDGE

FROM 'ONE-TO-MANY' TO 'MANY-TO-MANY'

FROM PREFAB TO SELF-PRODUCED

FROM SEPARATED TECHNOLOGY TO EMBRACED TECHNOLOGY

FROM CONSUMER TO PROSUMER

FROM STANDARDIZATION TO CUSTOMIZATION

kunnen worden aangepast aan de wensen van de gebruikers en de vereisten van de ruimte. Ze kunnen worden samengevoegd tot meer traditionele systemen, maar stellen gebruikers ook in staat om hun eigen ruimten en opstellingen te ontwerpen. Tevens kan met een eenvoudig kleurcoderingssysteem en led-technologie het organisatiesysteem van de bibliotheek zichtbaar worden gemaakt, waardoor leesbaarheid en flexibiliteit nog worden vergroot. Wanneer de bibliotheek van een rustige, statische plek opschuift in de richting van een dynamischer omgeving, zou de notie van een rustige plek om te lezen verloren kunnen gaan. Dat kan worden voorkomen door het instellen van privéhoekjes waar de gebruikers zich kunnen terugtrekken voor een intiemere luister-, kijk- of leeservaring, een gesprek, et cetera. Wat voor karakter zou de bibliotheek krijgen? Dat kan allerlei vormen aannemen, variërend van rijen willekeurige stapels boeken tot een traditionelere opstelling. De gewenste kwaliteit is echter die van een parkachtige omgeving waarin je links en rechts diverse media kunt aantreffen, waar gebruikers kunnen kletsen, rondhangen, lezen, luisteren of zich vrijelijk tussen kennis en elkaar kunnen bewegen.

DE BEWEGING VAN 'TRADITIONEEL' NAAR 'TOEKOMST'

VAN MATERIEEL NAAR DIGITAAL

VAN STATISCH NAAR DYNAMISCH

VAN VOORAF GEORGANISEERD NAAR ZELF GEORGANISEERD

VAN VAST NAAR FLEXIBEL

VAN GELEERDE KENNIS NAAR POPULAIRE KENNIS

VAN 'ÉÉN-OP-VELE' NAAR 'VELE-OP-VELE'

VAN VOORGEKOOKT NAAR ZELFPRODUCTIE

VAN OP ZICHZELF STAANDE TECHNOLOGIE NAAR GEÏNTEGREERDE TECHNOLOGIE

VAN CONSUMENT NAAR PROSUMENT

VAN STANDAARDISERING NAAR MAATWERK

LET'S FREE UP THE BOOKS...
SO THEY CAN MINGLE

RFID IS LIKE AN INDOOR GPS

YOUR LIBRARY APPLICATION POINTS YOU
TOWARD THE BOOK, WHEREVER IT IS.

RFID = FREE

Flexible
Reference
Electronic
Emancipator

FREE WILL HELP YOU FIND WHATEVER YOU
WANT, QUICKLY AND EASILY.

FREE WILL USE TAG ITEMS ALLOWING
AUTOMATED BORROWING, PAYING, SECURING.

FREE WILL ALLOW USERS TO ADD METADATA,
COMMENTS, PREFERENCES.

FREE IS COMPLETELY CUSTOMIZABLE.

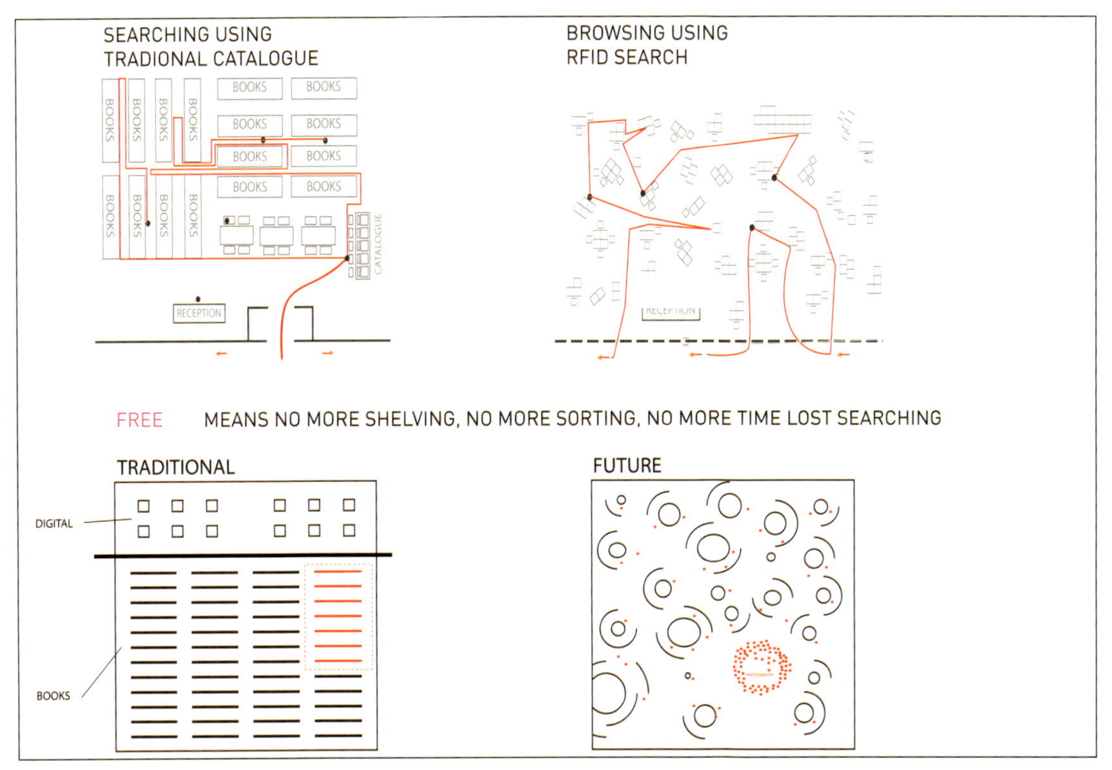

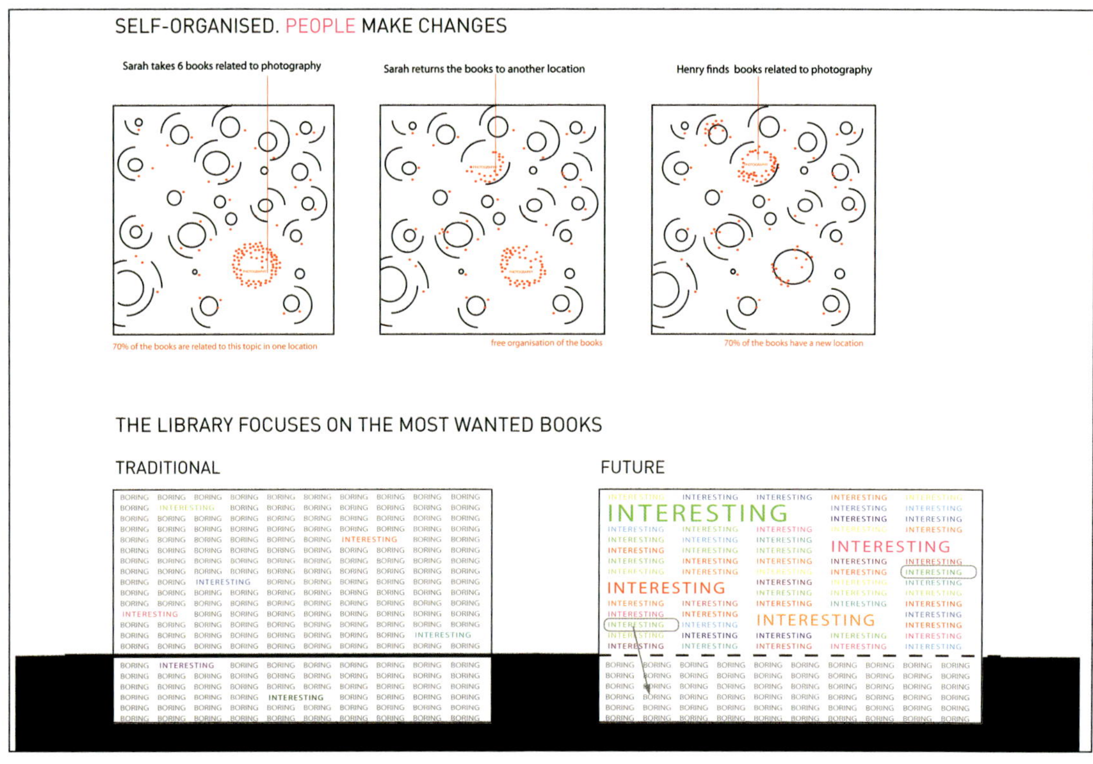
SELF-ORGANISED. PEOPLE MAKE CHANGES
Sarah takes 6 books related to photography
Sarah returns the books to another location
Henry finds books related to photography
70% of the books are related to this topic in one location
free organisation of the books
70% of the books have a new location
THE LIBRARY FOCUSES ON THE MOST WANTED BOOKS
TRADITIONAL
FUTURE
INTERESTING
BORING

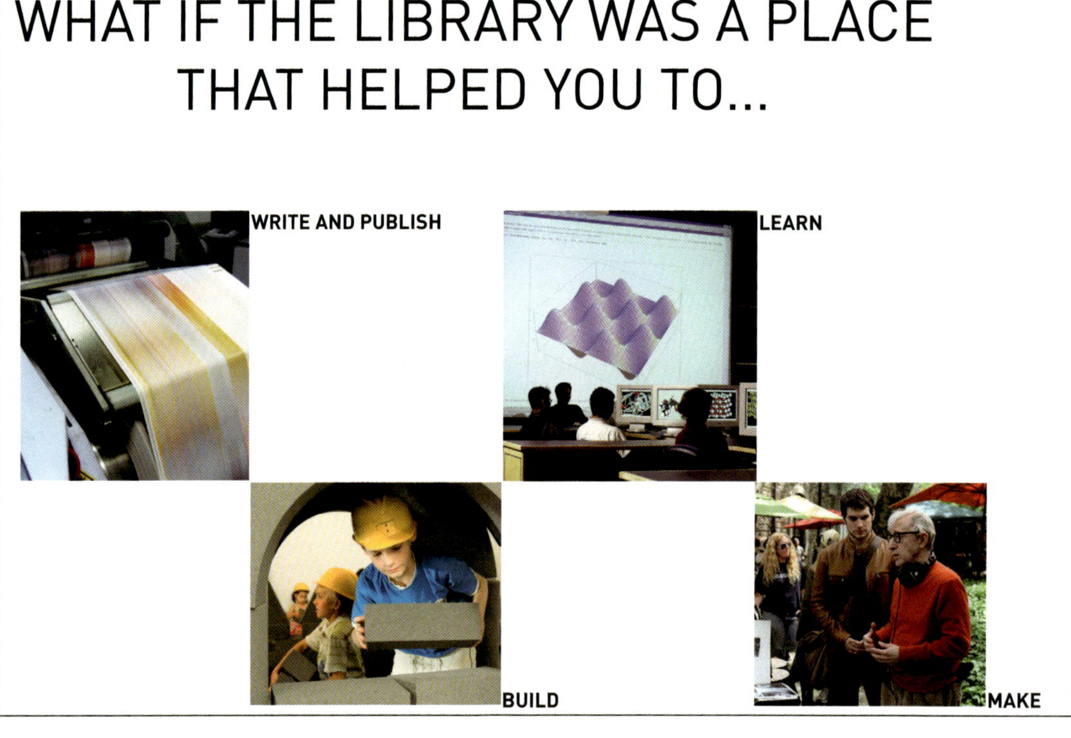
WHAT IF THE LIBRARY WAS A PLACE
THAT HELPED YOU TO...
WRITE AND PUBLISH
LEARN
BUILD
MAKE

LET'S COMBINE LEARNING
RELATED TO ACCESSING KNOWLEDGE...

CENTRALISATION OF KNOWLEDGE

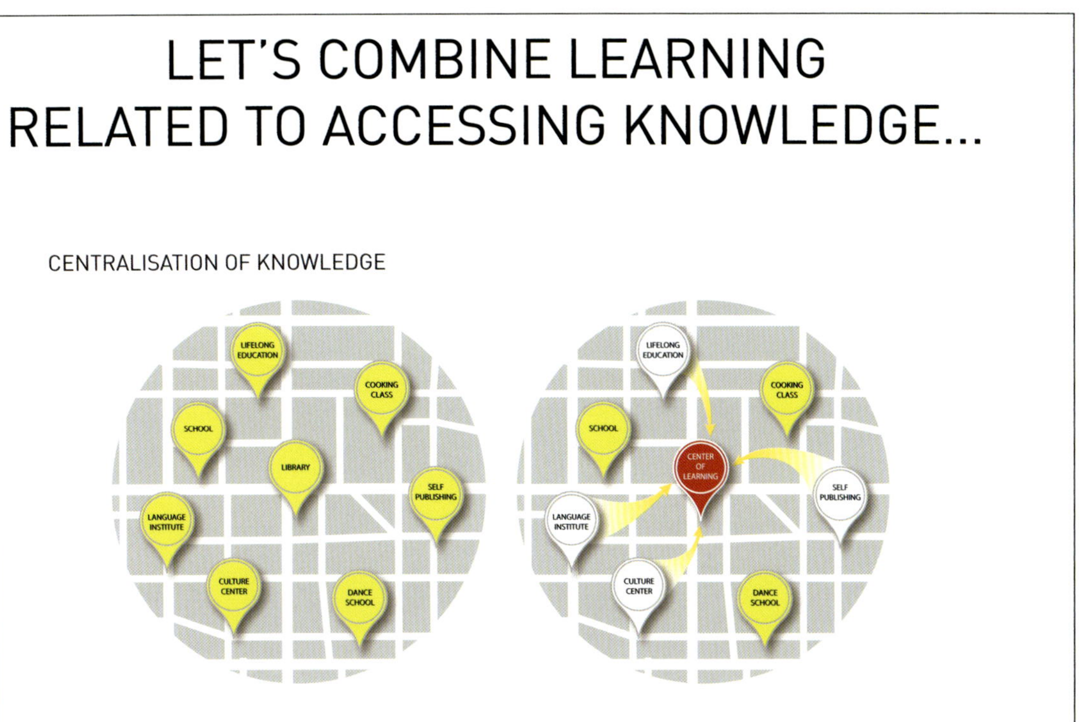

A PROTOTYPE:
THE ROTTERDAM PUBLIC LIBRARY

POTENTIAL LOCATION: EXISTING ROTTERDAM LIBRARY

URBAN CONTEXT

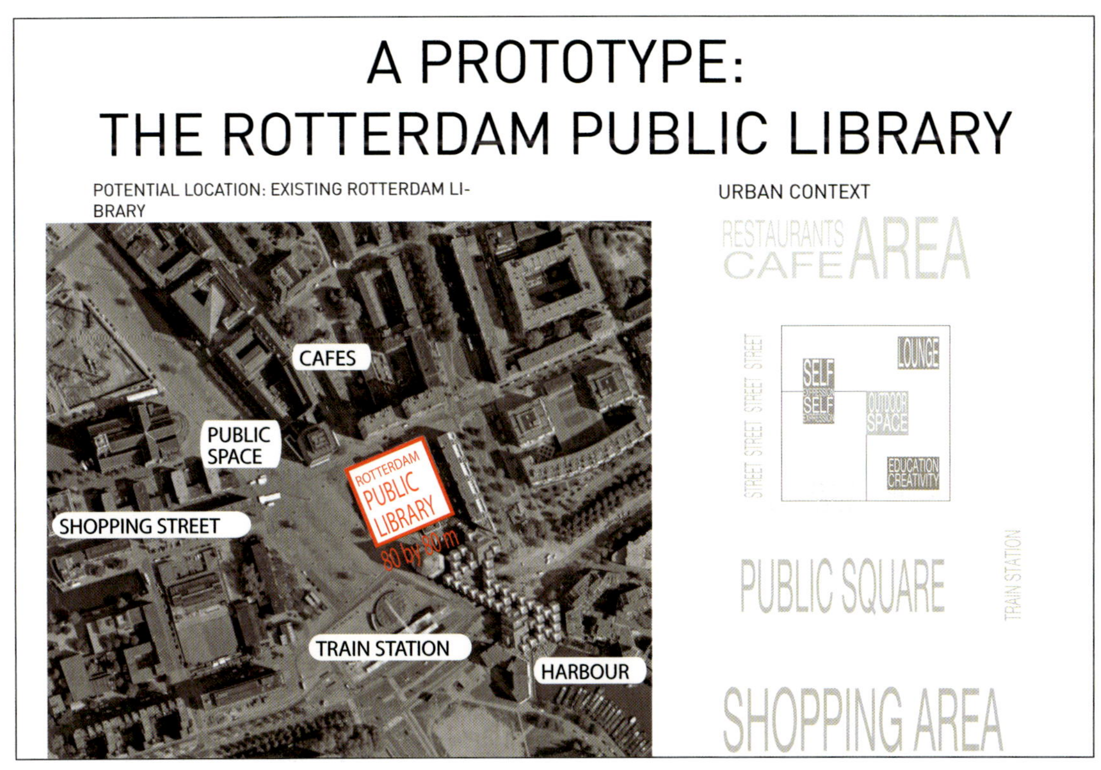

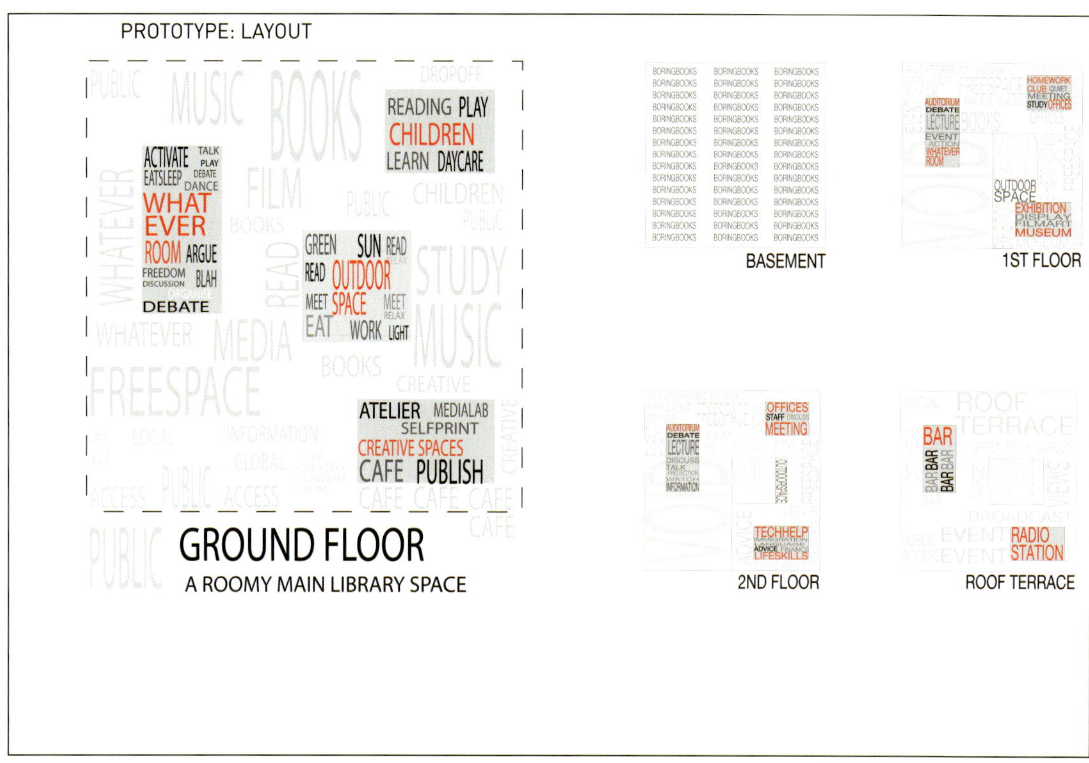
PROTOTYPE: LAYOUT
PUBLIC
MUSIC BOOKS
DROPOFF
READING PLAY
CHILDREN
LEARN DAYCARE
WHATEVER
ACTIVATE
TALK
PLAY
EATSLEEP DEBATE DANCE
WHAT EVER ROOM ARGUE
FREEDOM BLAH
DISCUSSION
DEBATE
FILM
BOOKS
PUBLIC
CHILDREN
PUBLIC
READ
GREEN SUN READ
READ OUTDOOR SPACE
MEET MEET
EAT WORK LIGHT
RELAX
STUDY
MUSIC
WHATEVER MEDIA
BOOKS
CREATIVE
FREESPACE
ATELIER MEDIALAB
SELFPRINT
CREATIVE SPACES
CAFE PUBLISH
CREATIVE
LOCAL INFORMATION
GLOBAL
ACCESS PUBLIC ACCESS
CAFE CAFE CAFE
PUBLIC
CAFE
GROUND FLOOR
A ROOMY MAIN LIBRARY SPACE
BORINGBOOKS
BASEMENT
AUDITORIUM
DEBATE
LECTURE
EVENT
ACTION
WHATEVER
ROOM
HOMEWORK
CLUB QUIET
MEETING
STUDY OFFICES
BOOKS
OUTDOOR
SPACE
EXHIBITION
DISPLAY
FILMART
MUSEUM
1ST FLOOR
AUDITORIUM
DEBATE
LECTURE
DISCUSS
TALK
INFORMATION
OFFICES
STAFF DISCUSS
MEETING
TECHHELP
ADVICE
LIFESKILLS
2ND FLOOR
ROOF
TERRACE
BAR
BAR BAR
BAR BAR
EVENT
EVENT
RADIO
STATION
BROADCAST
ROOF TERRACE

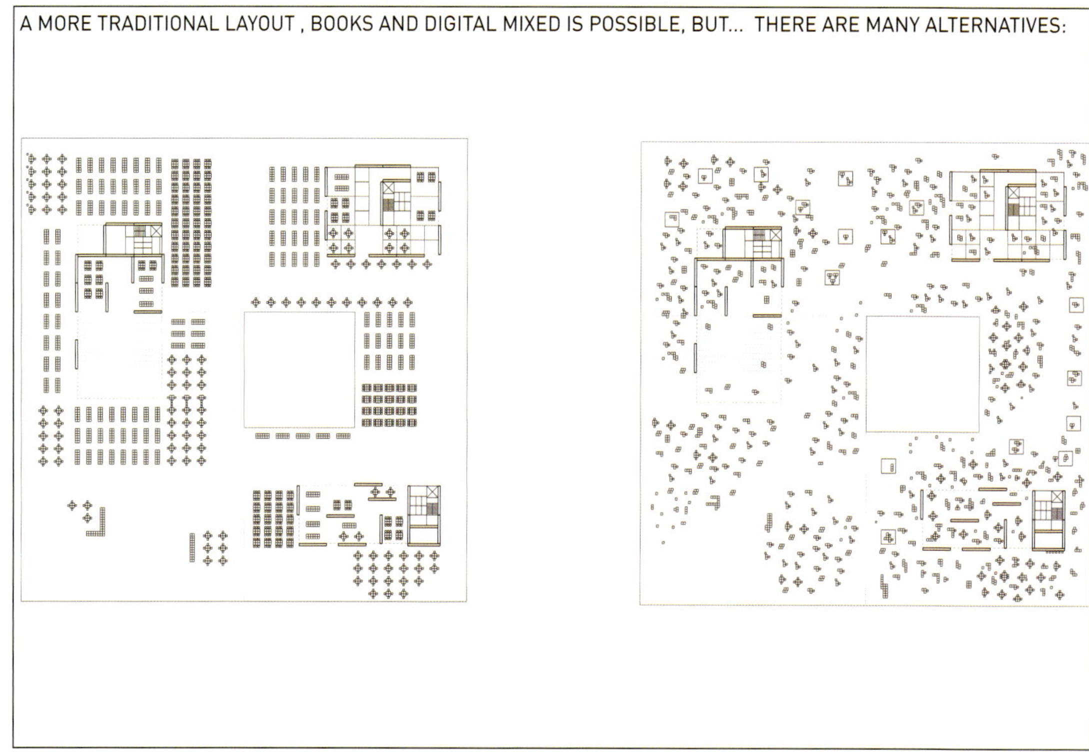
A MORE TRADITIONAL LAYOUT , BOOKS AND DIGITAL MIXED IS POSSIBLE, BUT... THERE ARE MANY ALTERNATIVES:

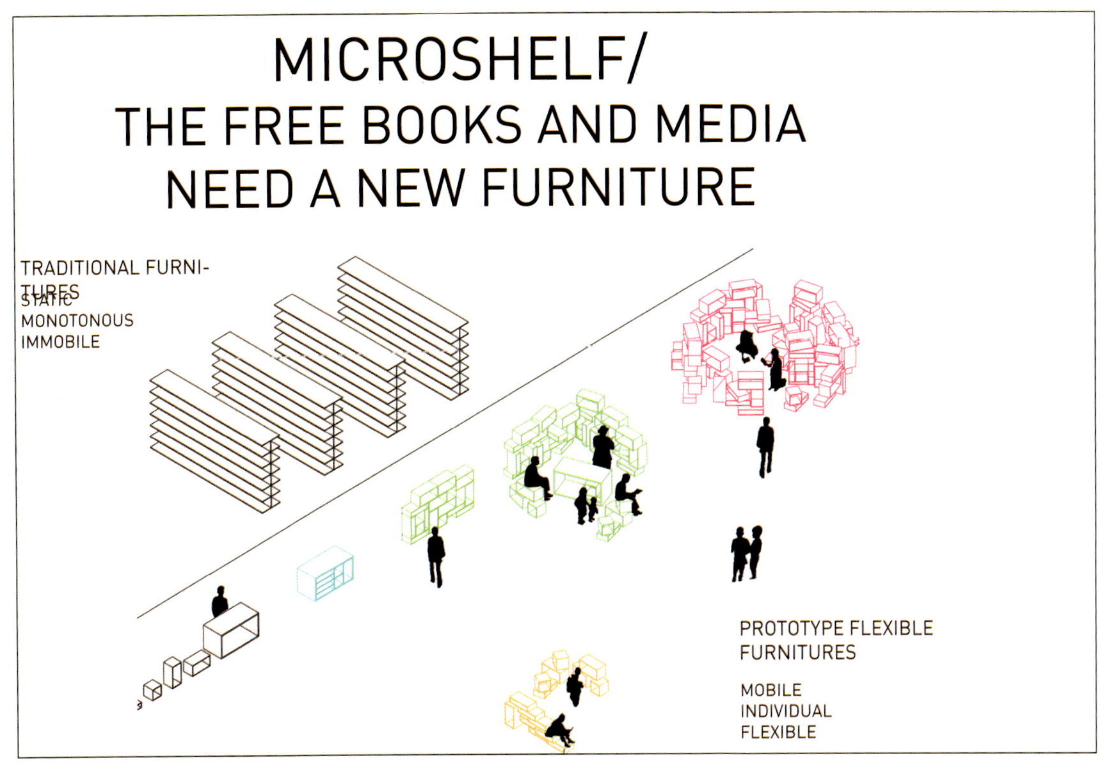
MICROSHELF/
THE FREE BOOKS AND MEDIA
NEED A NEW FURNITURE
TRADITIONAL FURNI-
TURES
STATIC
MONOTONOUS
IMMOBILE
PROTOTYPE FLEXIBLE
FURNITURES
MOBILE
INDIVIDUAL
FLEXIBLE

WHAT COULD THE CHARACTER
OF THE LIBRARY BE?

The true university these days is a collection of books. - Thomas Carlyle

What is more important in a library than anything else - than everything else - is the fact that it exists. ~Archibald MacLeish

LIBRARY HERE IS WHERE PEOPLE, ONE FREQUENTLY FINDS, LOWER THEIR VOICES AND RAISE THEIR MINDS. RICHARD ARMOUR

THE CHALLENGE NOW IS FOR PUBLIC LIBRARIES – PARTICULARLY IN LOW-INCOME COMMUNITIES – TO STAY CONNECTED. LIBRARIES NEED SUPPORT TO MAINTAIN QUALITY TECHNOLOGY SERVICES SO THEY CAN EFFECTIVELY SERVE THE MILLIONS WHO COUNT ON THEM FOR THEIR ONLY ACCESS TO COMPUTERS AND THE INTERNET. BG

"AS GOOGLE PUTS EVERY BOOK ON LINE, WE STILL NEED PLACES WHERE YOU CAN SMELL INK ON PAPER, EXPLORE BINDINGS AND SHARE A SPACE WITH OTHER TO WHOM BOOKS, WORDS AND IDEAS MATTER." FUTURE SYSTEMS

There is not such a cradle of democracy upon the earth as the Free Public Library, this republic of letters, where neither rank, office, nor wealth receives the slightest consideration. ~Andrew Carnegie

"The aim is not the division into cabinets and rooms, nor even the central form of a large reading room crowned with a dome, but the equality and mutual interchange enhancing effect of a landscape like structure of the reading room. There is sufficient opportunity for diversity and variation in this 150 metre long fluid space should the task of the library change over the course of time." Hans Scharoun

BOOKS ARE THE CARRIERS OF CIVILIZATION. WITHOUT BOOKS, HISTORY IS SILENT, LITERATURE DUMB, SCIENCE CRIPPLED, THOUGHT AND SPECULATION AT A STANDSTILL. WITHOUT BOOKS, THE DEVELOPMENT OF CIVILIZATION WOULD HAVE BEEN IMPOSSIBLE. THEY ARE ENGINES OF CHANGE.SOURCE NOT KNOWN. LET US READ AND LET US DANCE - TWO AMUSEMENTS THAT WILL NEVER DO ANY HARM TO THE WORLD. VOLTAIRE

There are "[…] three stages of development [in the evolution of electronic media]: deconstruction of content, demystification of technology and finally do-it-yourself or participatory authorship are the three steps through which a programmed popu¬lace returns to autonomous thinking, action and collective self-determination." Douglas Rushkoff, Open Source Democracy

"It is a cultural shift dependant on the active participation of the consumers working in a social dynamic." Manuel Castells

"THE LIBRARY REPRESENTS, MAYBE WITH THE PRISON, THE LAST OF THE UNCONTESTED MORAL UNIVERSES. THE MORAL GOODNESS OF THE LIBRARY IS INTIMATELY CONNECTED TO THE CONCEPTUAL VALUE OF THE BOOK: THE LIBRARY IS ITS FORTRESS, LIBRARIANS ARE ITS GUARDIANS."JOSHUA RAMUS

Perhaps no place in any community is so totally democratic as the town library. The only entrance requirement is interest. Lady Bird Johnson

"The interesting thing about a library is that everyone wants to create a private domain, even if only for ten minutes."Wiel Arets:

Choose What You Read (New York City)
Choose What You Read (New York City)

Architect: self-organized community initiative
Architect: vrijwilligersinitiatief

Location: New York City Subway System
Locatie: Metro van New York City

Year: 2001 (founded)
Jaar: 2001 (opgericht)

Choose What You Read started in London, UK and is now a hit in New York City. It is a book donation and distribution programme that brings free books to New York's commuters to spread the joys of reading. In doing so, we help to recycle used books that would otherwise have unfortunately been thrown away. Choose What You Read NY gives an environment-friendly reading option for the commuter's journey on New York's subway system. They collect donated books and circulate them back within the community. They can be found passing out books near major subway stations every month (schedules and locations made available on Twitter or Facebook). Once finished with a book, users may keep it or drop it off in one of the drop boxes by the subway station entrance. Unlike a library, there are no due dates, penalties, fees or registrations. The user is only asked that they consider returning it once they are done so that another commuter may enjoy the same book. CWYRNY is purely not for profit. All persons involved are volunteers and all books are donated by the public.

Choose What You Read is begonnen in Londen en is nu een hit in New York City. Het is een initiatief dat draait om boekdonatie en -distributie, waarbij aan forensen in New York gratis boeken worden uitgedeeld ter bevordering van het leesplezier. Zo helpen zij mee aan het recyclen van gebruikte boeken die anders jammer genoeg zouden zijn weggegooid. Choose What You Read NY biedt de gebruikers van de New Yorkse metro een mogelijkheid tot lezen die ook nog eens milieuvriendelijk is. De collectie bestaat uit ingezamelde boeken die worden teruggegeven aan de gemeenschap om daar opnieuw te circuleren. Elke maand reiken vrijwilligers boeken uit in de buurt van grote metrostations (tijd en plaats worden bekendgemaakt op Twitter of Facebook). Als iemand een boek uit heeft, mag hij het houden of inleveren in de speciale boekenbakken bij de ingang van de stations. In tegenstelling tot een bibliotheek, kent dit project geen terugbrengdatum, geen boetes, geen leengeld en geen lidmaatschap. Er wordt de gebruikers alleen gevraagd om te overwegen het boek na lezing terug te geven zodat een andere reiziger er weer plezier van kan hebben. CWYRNY is absoluut zonder winstoogmerk. Het werk wordt gedaan door vrijwilligers en de boeken zijn gratis afgestaan.

Source: www.choosewhatyoureadny.org

Bron: www.choosewhatyoureadny.org

**Distribution of books by
Borough Hall Station,
Choose What You Read NY**
Boekdistributie bij Borough
Hall Sation, Choose What
You Read Book NY
Image/beeld: Lisa Helfrich

Choose What You Read (New York City)
Choose What You Read (New York City)

'Read, Recycle, Repeat'.
Donate your old books here.
'Read, Recycle, Repeat'.
Doneer uw oude boeken hier.
Image/beeld: Lisa Helfrich

GUESSING THE FUTURE OF THE LIBRARY

RADEN NAAR DE TOEKOMST VAN DE BIBLIOTHEEK

BART VERSCHAFFEL

Guessing the Future of the Library
Raden naar de toekomst van de bibliotheek

Bart Verschaffel is a philosopher and professor at the University of Ghent, Belgium. He specializes in the theory and philosophy of public space.
Bart Verschaffel is filosoof, en hoogleraar aan de Universiteit van Gent. Hij is gespecialiseerd in de theorie en filosofie van de openbare ruimte.

The public library as a place for contemplation and the gathering of knowledge is dependent on a simple yet all-important act, namely: the act of reading itself. Bart Verschaffel presents here insight into the 'space' in which reading occurs.

De openbare bibliotheek als een plaats voor bespiegeling en het vergaren van kennis is afhankelijk van een simpele, maar allerbelangrijkste bezigheid, namelijk het lezen zelf. Bart Verschaffel biedt inzicht in de ruimte waarin het lezen 'plaats vindt'.

'Sapientia aedificavit sibi domus'
(Wisdom has built herself a home)

'Sapientia aedificavit sibi domum'
(*De wijsheid heeft zichzelf een huis gebouwd*)

The architectural program of the library is traditionally related to the materiality and culture of the book, but the printed book is quickly losing ground and made almost obsolete by the new electronic media. The entire history of intellectual culture can – in principle – easily and cheaply be digitalized and stored, and made available virtually everywhere. And this is true for *all kinds* of information. Soon new hard ware substitutes for the traditional book will be available, and we will download and read any text on the book-device we carry with us such as our mobile phone. So the end of the book is near. But what about the library? Most libraries have adapted to the new developments and have transformed themselves into some kind of 'media centre', where – in addition to

Het architectuurprogramma van de bibliotheek lijkt oud en gedateerd. Het is immers gerelateerd aan de materialiteit en de cultuur van het gedrukte boek, en er is, zoals bekend, nu zo veel veranderd in de informatietechnologie dat het gedrukte boek quasi-overbodig wordt door de ontwikkeling van nieuwe, elektronische tekstdragers. Die nieuwe media bewaren en verspreiden niet enkel *actuele* informatie en nieuwe beelden en teksten: de gehele historische intellectuele cultuur, opgeslagen in de bibliotheken, kan – in principe – relatief gemakkelijk en goedkoop overgeschreven worden naar de nieuwe media, en overal virtueel beschikbaar gesteld worden. De nieuwe dragers kunnen bovendien *alle soorten* info (beeld, geluid, tekst, stilstaand en bewegend beeld) digitaliseren, opslaan en onderling verbinden. Via zoekmachines is gedigitaliseerde informatie

Sunbathing while (e-) reading
Zonnebaden met (e-)boek
Image/beeld: Ed Yourdon@ flickr Commons

1 The bibliography on library architecture is endless. See for a status questionis: Terry D. Webb (ed.), **Building Libraries for the 21st Century: the Shape of Information, McFarland, 2004.**
1 De bibliografie van de architectuur van de bibliotheek is schier eindeloos. Zie voor een status questionis: Terry D. Webb (ed.), *Building Libraries for the 21st Century: the Shape of Information*, Jefferson 2004.

2 There are plenty of books on the psychology, sociology, history and the ethnography of reading. See for example: Jonathan Boyarin, The ethnography of reading, Berkeley, 1993; Sven Birkerts, The Gutenberg Elegies: The Fate of Reading in an Electronic Age, Boston/ London, 1994; Alberto Manguel, A History of Reading, New York, 1996; Paul J. Griffiths, Religious Reading. The Place of Reading in the Practice of Religion, 1999; Steven R. Fischer, A History of Reading, London, 2003; Jeff Gomez, Print Is Dead: Books in our Digital Age, New York, 2007.

traditionally dealing with books and printed documents – images, slides, videos, and music are collected as well, and free public access is offered to all forms of new media.[1] This compromise is certainly pragmatically valid for the time being, but understanding these developments and realizing what is at stake here, requires a more radical approach.

Let us therefore consider the library, not as a place where books are stored and borrowed from, but, first of all, as *a place and an environment for reading*.

Reading is a demanding, highly complex, very artificial activity, with its own long history and culture.[2] The individual and silent reading we practice today is a derivative of the traditional and archaic practices of reciting before an audience, on a special occasion and in a special place: in auditoria, theatres, and places of worship. It is important to realize, though, that modern and secularized silent reading – reading for entertainment included – keeps its 'transformational power' and 'mythical potential' too. Reading is and remains: transformation, inwardness, contact with an 'elsewhere'. Reading somehow relates to thinking and dreaming, and even to sleeping: it implies a detachment from

zeer gemakkelijk hanteerbaar, de opslag is veilig en neemt zeer weinig ruimte in. De nieuwe media zorgen er verder ook voor dat die schat aan informatie overal toegankelijk is. De beschikbare hardware die de informatie toegankelijk maakt blijft vooralsnog het computerscherm, en dat heeft zekere nadelen, bijvoorbeeld wanneer je een boek wil lezen in bed. Maar daar wordt nu hard aan gewerkt: straks lezen we allemaal kranten en boeken op ons ene handige e-book, dat we bij ons dragen zoals een gsm, waarop we alles kunnen lezen en waarop alle boeken die ik ooit gekocht heb samen staan in de virtuele persoonlijke *library*.
Dit alles kondigt het einde van het boek aan. Is dat ook het einde van de bibliotheek? De bibliotheek is toch de plaats waar mensen en boeken elkaar vinden: de bibliotheek is de plek en het kader waar we boeken zoeken en vinden, waar we bladeren en lezen. Met de opkomst van de nieuwe media hebben de meeste bibliotheken zich omgevormd tot mediatheek, waar naast de boeken en tijdschriften ook beelden (dia's, films, muziek, zelfs kunst) geconsulteerd en geleend kunnen worden, en waar een batterij computers vrije toegang garandeert tot alle vormen van nieuwe informatiemedia zoals internet en vele databases.[1] Allicht kunnen we met het programma van de hybride bibliotheek nog wel een paar jaar verder. Het zal nog even duren voor

one's environment and a retreat inwards. One 'sinks' into a book like one 'sinks into thoughts'. Contrary to thinking or feeling however, reading is not an informal activity, something that just 'happens' even while performing other activities. Reading is more like praying: a ritualized activity, relating to specific gestures and specific objects. It creates a *situation*, and that situation 'takes place,' it occupies and organizes space. The reader turns inwards *via the external medium* of the book: the book opens up an 'elsewhere', where his attention dwells. Reading *transforms a person*: it makes one forget oneself and where one is, it affects the reader's consciousness and brings him in another 'state of mind'. As a secularized crypto-mythical practice, it is used to interrupt on a regular basis the everyday and the ordinary, to reinforce and rejuvenate life via intense experiences and feelings caused by a enriching contact with an 'other

THE PRINTED BOOK IS QUICKLY LOSING GROUND AND MADE ALMOST OBSOLETE BY THE NEW ELECTRONIC MEDIA

dimension': "The activity of reading, maybe even more than attending a spectacle, effectuates a rupture in the time flow and an escape of 'normal time'" (Mircea Eliade)[3]. When one looks at a person reading , this *transformation* becomes a kind of *transfiguration*: a reader is exposed and not simply 'himself' or 'herself', but at the same time uncannily *here* and *elsewhere*. Therefore, to kill a person who is reading, forgetful of his environment and unprotected, is a *sacrilege*, just as killing a person who is asleep or praying. In the Western tradition, the act of reading is linked to contemplation, both in the religious mode of prayer and in 'thought' or 'theory'. The Greek verb *'theorein'* originally means: being present at and witnessing the appearance of the divine.[4] The philosophical tradition has partly secularized this into: contemplating the truth. Wisdom and insight, as a profane 'contact' with the truth, thus replace the archaic ritual transformation by contact with a primitive force.

alle technologische vernieuwingen zich hebben doorgezet. Wanneer we nadenken over de toekomst van de bibliotheek en de bibliotheek(architectuur), moeten we, om scherp te formuleren wat in de nieuwe ontwikkelingen op het spel staat, radicaal vooruitdenken.

Laten we daarom de bibliotheek niet zien als een plaats waar boeken bewaard en uitgeleend worden, maar, eerst en vooral, als een plek om te *lezen*.

Lezen is een veeleisende, complexe, zeer gecultiveerde activiteit, met een eigen, oude geschiedenis en cultuur. Het individueel en stil lezen dat wij nu beoefenen is een afgeleide van het traditionele, archaïsche publieke voorlezen bij bijzondere gelegenheden en in een speciaal daarvoor voorziene plaats: in auditoria, theaters, cultusgebouwen.[2] Het is evenwel belangrijk te beseffen dat zelfs ons modern, geseculariseerd stillezen – zelfs het lezen voor het plezier – iets houdt van zijn transformerende kracht en mythisch vermogen. Lezen is en blijft: verandering, inkeer, contact met een 'elders'. Lezen lijkt enigszins op denken of dromen, zelfs op slapen: het houdt in dat men zich losmaakt van zijn omgeving en zich terugtrekt. Men verdwijnt in een boek zoals men in gedachten verzinkt. Anders dan denken of voelen, is het lezen echter geen informele mentale activiteit, iets wat zich afspeelt terwijl men tegelijk andere bezigheden verricht. Lezen lijkt meer op bidden: het is een enigszins geritualiseerde activiteit, verbonden met specifieke voorwerpen, houdingen en gebaren. Lezen creëert een bijzondere situatie, die *plaats vindt*, die een plaats neemt en organiseert. Het boek opent op een 'elders', dat de aandacht van de lezer vasthoudt. Het lezen transformeert de persoon, doet hem zichzelf en zijn omgeving vergeten, en brengt hem in een andere bewustzijnstoestand. Het lezen is een crypto-mythische praktijk die op regelmatige wijze het alledaagse en het gewone doorbreekt, en het leven verjongt en opnieuw oplaadt door de intense ervaring die gepaard gaat met het contact met een 'andere werkelijkheid'. Lezen is 'méér dan het bijwonen van een theatervoorstelling, een breuk in de tijd en een ontsnapping uit 'het gewone' (Mircea Eliade).[3] Wie kijkt naar een persoon die leest is getuige van een 'transfiguratie': de lezer wordt bekeken en is niet helemaal 'zichzelf', maar is tegelijk, op een licht unheimliche wijze, tegelijk hier en elders. Juist daarom is de sluipmoord tijdens het lezen, terwijl iemand onbeschermd is omdat hij zijn omgeving vergeet, een vorm van heiligschennis, net zoals het doden van een persoon die slaapt of bidt.

2 Er zijn talloze boeken over de psychologie, de sociologie, de geschiedenis en de etnografie van het lezen, zie bijvoorbeeld: Jonathan Boyarin, *The Ethnography of Reading*, Berkeley 1993; Sven Birkerts, *The Gutenberg Elegies. The Fate of Reading in an Electronic Age*, Boston/Londen 1994; Alberto Manguel, *A History of Reading*, New York 1996; Paul J. Griffiths, *Religious Reading. The Place of Reading in the Practice of Religion*, New York 1999; Steven R. Fischer, *A History of Reading*, Londen 2003; Jeff Gomez, *Print Is Dead. Books in our Digital Age*, New York 2007.

3 Mircea Eliade, Les mythes du monde moderne, in: Mythes, rêves et mystères, Paris, Gallimard, 1957, p. 36.
3 Mircea Eliade, *'Les mythes du monde moderne'*, in: *Mythes, rêves et mystères*, Parijs 1957, p. 36.

4 Hannelore Rausch, Theoria. Von ihrer sakralen zur philosophischen Bedeutung, München 1982.

Reading at the table
Lezen aan tafel

In one way or another, reading, from its very beginnings, is related to acquiring knowledge and wisdom, to living a good life. The activity of reading itself is not just a means, but indeed already a *part* of living a wise life. The Western tradition thus opposes the *'vita contemplativa'*, or the withdrawal from worldly matters and the cultivation of a spiritual life, to the *'vita activa'*, with its belief in the world and the meaning of action.

The act of reading absorbs one's consciousness and isolates a person from their environment, but not as radically as in dreaming or sleeping, and not as in seeing a movie or a performance in a darkened theatre. Reading is not a 'trip'. Being focused on a printed page is necessarily accompanied by some awareness of 'where' the reading takes place, and of the fact that the text one reads is also an 'object' in the world. A text on a page is not a floating 'appearance' as a theatre performance or a piece of music. Furthermore, a text differs from the painted image in the fact that a page is not a full image but consists of signs that stand out against a neutral background. Signs have to be deciphered, not just looked at. This implies that a text does not capture the eye as an image does: in reading the attention and the eyes regularly wander off, certainly when turning the pages. Reading is full of pauses. In reading, there is no total absorption, but a peculiar back and forth between the book and the world of books and the environment and the setting where one reads. Reading is situated on a threshold: it is focused on an 'elsewhere' but is at the same time aware of its 'here'. One could expect that we would have developed functional, technical 'reading space'-devices to isolate the reading from possible distractions – just as the design of a shower or a phone booth. Certainly some strategies of that kind are used to structure the 'reading situation', but it is crucial that reading as an activity remains intensely related to its environment. Reading is absorption and concentration with the eyes on the page, but also seeing and feeling and hearing the paper of the page and the book, and letting the eyes wander and rest on the table, on the walls, and, through the windows, stare at the landscape and the sky – all while staying 'in' the reading. Because reading is a situation that 'takes place', it is important to investigate in detail how the experience of space becomes part of the activity of reading. During the long history of private, silent

In de westerse traditie wordt het lezen verbonden met de beschouwing, zowel in zijn religieuze variant (contemplatie, meditatie) als in de vorm van theorie of reflectie. Het Griekse werkwoord *theorein* betekent oorspronkelijk: aanwezig zijn bij en getuige zijn van de verschijning van het goddelijke.[4] De filosofische traditie heeft dit deels geseculariseerd tot contemplatie van de waarheid. Wijsheid en inzicht, als een 'profaan' contact met het goddelijke, vervangen zo het 'verjongend' ritueel van het contact met de waarheid. Lezen is altijd, op de een of andere manier, en sinds het vroegste begin, gerelateerd aan

ALLICHT KUNNEN WE MET HET PROGRAMMA VAN DE HYBRIDE BIBLIOTHEEK NOG WEL EEN PAAR JAAR VERDER

kennis en wijsheid en het goede leven. Het is niet een middel of de weg naar, maar reeds een deel van het goede leven. In de cultuur van het Westen staat de figuur van de lezer voor het *vita contemplativa*, voor het afstand nemen van wereldlijke zaken en het cultiveren van het spirituele leven, tegenover het *vita activa* met zijn geloof in de wereld en het belang van het handelen.

De handeling van het lezen neemt het bewustzijn geheel in beslag en isoleert van de omgeving, maar niet zo radicaal als de droom of de slaap, en zelfs niet zo volledig als het kijken naar een film of een toneelstuk in een verduisterde zaal. De lectuur is niet een 'trip'. Zich concentreren op een bladzijde (evenzo zich concentreren op het scherm van een e-book) gaat altijd nog gepaard met een zeker besef van *waar* men leest, en van het bestaan van de tekst als een boek of een object in de wereld. Een tekst op een blad papier is niet een 'verschijning', zoals een theaterstuk of een stuk muziek. Een tekst verschilt ook van een schilderij in de zin dat een tekst geen 'vol' beeld is, maar bestaat uit tekens die staan tegen een neutrale achtergrond die zelf geen betekenis heeft. Tekens moeten ontcijferd en niet bekeken worden. Dit houdt in dat een tekst de blik niet vasthoudt zoals een schilderij. Het herkennen van het teken volstaat. Daardoor gaat de blik tijdens het

4 Hannelore Rausch, *Theoria. Von ihrer sakralen zur philosophischen Bedeutung*, München 1982.

5 Architects may be familiar with a stimulating short lecture by Alison Smithson on 'The habitats of Saint Jerome: the desert, the grotto, and the study'. The draft of the lecture is published in: D. van den Heuvel & Max Risselada, From the House of the Future to a House of Today, Rotterdam, 2004, p. 224-230.

5 Architecten kennen misschien de aansprekende korte verhandeling van Alison Smithson, 'The habitats of Saint Jerome: the desert, the grotto, and the study', gepubliceerd in: Dirk van den Heuvel en Max Risselada, From the House of the Future to a House of Today, Rotterdam 2004, p. 224-230.

reading a limited number of 'reading situations' have been spatially defined. On the basis of the rich and complex iconography of reading I propose a taxonomy with five types.[5]

1. *Reading at home*. Because a person who reads forgets himself and is not vigilant, the place where he or she reads has to be safe and secured. In the prototype of the protected place, *'inwardness' is protected by intimacy*: it is the *interior*. The room, the couch at the fireplace, the cozy corner, the circle of light of the reading lamp, the bed, or, for St.-Jerome, his *grotto*, his 'energizing cell'

2. *Reading in nature*. If reading implies inwardness and a withdrawal from the environment, uninhabited nature, the wilderness, far away from the voices and the noises of the world of men, is the proper place to read. Reading by the sea, in the mountains, in the forest, in the desert… When we lift the eyes there, we don't meet a world full of human activity and history, but an empty landscape, a subject of contemplation with nothing of 'human interest' that could distract us…

THE ACTIVITY OF READING ITSELF IS NOT JUST A MEANS, BUT INDEED AL-READY A PART OF LIVING A WISE LIFE

3. *Reading among the crowd*. The modern equivalent of the natural wilderness is the urban mass. The city experience, as poets and thinkers from Charles Baudelaire to Georg Simmel have written, is intense and overwhelming, and modern man has to learn to be lonely amidst of the crowd. Reading has become one of the strategies to take a rest from the hectic city life: amidst the hustle and bustle, amidst the noise and the business of people, one reads on a street bench, in the café, on the train, at the swimming pool, at the airport. The book opens a perspective to an outside world we can focus on, and, now and then, look up at the world around us as a strange spectacle we are not involved in. Besides these three typical 'reading situations', I distinguish two more, characterized by the fact

lezen ook gedurig weg van het blad, kijkt men op, en dat steevast bij het omdraaien van de bladen. De lectuur wordt dus gedurig licht onderbroken. Men wordt nooit geheel opgeslorpt, maar pendelt op een bijzondere manier heen en weer tussen de wereld en de wereld van het boek. Lezen is een 'drempelervaring': men is geconcentreerd op een 'elders', maar heeft tegelijk een duidelijk besef van het 'hier', waar men leest. Men zou verwachten dat men gespecialiseerde, technische leesruimtes zou ontwikkeld hebben die de verstrooiing door de omgeving uitsluiten, zoals een telefooncel of een douchecabine. En het is zeker zo dat er een tendens is in de richting van het isolement en het 'dimmen' van prikkels uit de omgeving, maar algemeen is het zo dat het lezen betrokken blijft op zijn omgeving. De relatieve absorptie en concentratie houden de blik bij de tekst, maar tegelijk ziet en ruikt men ook het papier, voelt het papier en het gewicht van het boek, hoort het geritsel van de bladzijden, en laat de ogen dwalen over de tafel en de muren van de kamer, tot het raam, het landschap, de lucht – terwijl men tegelijk toch nog geheel 'in het boek' zit. Juist omdat het lezen 'plaats vindt', is het belangrijk na te gaan hoe die plaatservaring een deel wordt van de leeservaring.

De lange geschiedenis van het individuele stillezen heeft een beperkte reeks van typische leessituaties en leesplaatsen opgeleverd. Ik vat de complexe iconografie van het lezen samen in een taxonomie die vijf situaties onderscheidt.[5]

1. *Binnen thuis lezen*: Juist omdat men tijdens het lezen zichzelf en zijn omgeving enigszins vergeet, en tijdelijk niet waakzaam is, moet de leesplaats beschermd en veilig zijn. Men kan niet lezen wanneer men zich bedreigd voelt. Het model van de veilige plek is vanzelfsprekend de intimiteit, het interieur, thuis. Met een boek in een hoek. De kamer, de stoel, bij het vuur, in de lichtkring van een lamp, in bed, of – zoals Sint-Hiëronymus – in een *grotto*, in een 'energizing cell'.

2. *Buiten lezen*. Wanneer de lectuur ingekeerdheid en afzondering vraagt, is de natuur, ver van de drukte en het lawaai van de mensen, een geschikte plaats. De wildernis, de hut in het Zwarte Woud of in de fjorden, de woestijn, het woud, het strand…: overal waar, wanneer we de ogen opslaan, we ons ver van de mensen bevinden, in een leeg landschap, zonder al wat onze nieuwsgierigheid en interesses wekt.

3. *Lezen te midden van de massa*. Het moderne equivalent van de woestijn en de wildernis is: de massa en de grootstad. De grootstadervaring is, zoals dichters en denkers als Baudelaire en Simmel beschreven hebben, intens en overweldigend, maar

Reading in the train
Lezen in de trein
Image/beeld: Ed Yourdon@
flickr Commons

that, when the reader lifts his eyes, he doesn't meet some symbolic image of 'the world', but *more books*. In her lecture on St.-Jerome, Alison Smithson quotes St-Jerome who writes that he could leave everything behind except his library: "But the library I had built up with such pain and ardour in Rome, I could not bring myself to do without". *Reading in the library* exists in two traditional versions:

4. *Reading in the study room*: the *studiolo*. A private, secluded room, with a desk of one's own, and bookshelves. Reading is here about writing too. It is quite remarkable that books are not stored away and hidden as we do with instruments, but are kept in living rooms: the function of bookshelves lies somewhere between furniture and decoration. What does it mean to read surrounded by one's own books? The personal library is the accumulation of what one has read or chosen to read: it is the collection of the books – Walter Benjamin writes – that have crossed our life path and entered our life of the mind.[6] A personal library is a memory scene built by a reader's history.

5. *Reading in the library.* A personal library is like a private art collection, a public library is like a museum. One reads not in the midst of

het moderne individu heeft geleerd om alleen en anoniem te zijn te midden van de massa. De lectuur is een manier om zich af te zonderen – vergelijkbaar met wat nu de walkman doet. Te midden van de wirwar en het lawaai van de mensen en het verkeer kan men lezen op een bank, in een café, in de trein, naast het zwembad, op de luchthaven, en de omgeving herleiden tot een klanktapijt. Een tekst of boek opent een zicht op een wereld elders, waarop we ons kunnen richten, en tegelijk nu en dan de blik opslaan en verstrooid kijken naar al die drukte van mensen en dingen, als naar een vreemd schouwspel dat ons niet aangaat.

Naast deze drie typische leessituaties onderscheid ik nog twee andere situaties waarbij de lezer die de ogen opslaat niet een of ander symbolisch geladen beeld van de 'Wereld' ontmoet, maar *véél boeken ziet*. Alison Smithson citeert in haar interpretatie van de figuur van Sint-Hiëronymus de heilige die schrijft dat hij, toen hij de woestijn introk, alles kon achterlaten behalve zijn bibliotheek: 'But the library I had built up with such pain and ardour in Rome, I could not bring myself to do without.'

4. *Lezen in de studeerkamer*: de *studiolo*. Lezen in een eigen, private leeskamer, met een schrijftafel, leesstoel en volle boekenkasten. Lezen is, in deze

6 Walter Benjamin, Ich packe meine Bibliothek aus. Eine Rede über das Sammlen, in: Gesammelte Schriften, IV-I, Frankfurt a. M., 1980, pp. 388-396.

Reading in nature
Lezen in de natuur
Image/beeld: Ed Yourdon @
flickr Commons

6 Walter Benjamin, *Ich packe meine Bibliothek aus. Eine Rede über das Sammeln*, in: *Gesammelte Schriften*, IV-I, Frankfurt a. M., 1980, p. 388-396.

what one has read already and is familiar with, but *against* the oppressive surrounding presence of all that has been written already and that one hasn't read and will not be able to read *ever*. The public library therefore invokes melancholy and sometimes even a specific kind of agoraphobia. One reads while being exposed, not to one's own reading history, but to the History or Culture. Comfort here comes from the fact that one is not alone. In the public reading room all readers become a fascinating view for each other, and one witnesses silent transmission: reading and writing as a continuous process and a collective project of an invisible community.

What is at stake in the architectural programme of library architecture for the 21st century? It is not how to store and to preserve books or printed matter and make them accessible: it is *the (public) meaning and significance of reading*. Reading as an informal activity will certainly continue to be part of most people's lives. The question is (a) *if, and eventually how, reading, being the basic image of the 'vita contemplativa', will be valued as such and assigned public dignity*, and (b) *if, and how, the reading experience can be linked to memory and history*

ruimte, sterk betrokken op het schrijven. Het is opmerkelijk dat we niet de gewoonte hebben om boeken weg te bergen, zoals gebruiksvoorwerpen, maar dat we ze goed zichtbaar bewaren in leef- en woonruimtes. Boekenkasten staan ergens halverwege meubels en decoratie. Wat betekent het om omringd te zijn door de eigen boeken? Een persoonlijke bibliotheek is de accumulatie van al wat men gelezen heeft en gekozen heeft om te willen lezen. Het is de collectie van boeken die, zoals Walter Benjamin heeft geschreven, ons leven gekruist hebben, en onze geest en ons geheugen vullen.[6] Een persoonlijke bibliotheek is het geheugentheater van een individuele leesgeschiedenis.

5. *Lezen in de bibliotheek.* Een persoonlijke bibliotheek is zoals een kunstverzameling, een openbare bibliotheek is zoals een kunstmuseum. Hier leest men, niet te midden van wat men kent of waar men mee vertrouwd is, maar leest men tegen de druk en de terneerdrukkende aanwezigheid in van al wat geschreven is, men zelf nog niet gelezen heeft, en nooit zal kunnen lezen. In de openbare bibliotheek hangt daarom een bijzondere melancholie, en ze wekt soms een bijzondere vorm van agorafobie op. Men leest er, niet omringd door de eigen leesgeschiedenis, maar bekeken door de Geschiedenis en de Cultuur. De enige – belangrijke – troost is dat men

after the dematerialization of the book and the library.

(a) One can imagine the library of the future as a 'reading palace', where people will go to read like they go to a concert hall to hear music instead of listening to their earphones. A *locus aemonus* for the reader, with many different reading situations, from a café, a bookshop, a scholarly reading room, a sitting room with a fireplace and piano music, austere study cells, to a *hortus conclusus* or a roof garden to read while walking, or sitting next to a gurgling fountain, etc… These institutions don't need to store many books, and people can read on their computer if they want to. The Palace can provide the conditions for an intense, concentrated, rich, and diversified reading experience. What is even more important, however, is that in this way the form of the 'vita contemplativa' remains publically represented in the modern city as a possibility. Could this possibly be a future for the many abandoned churches and chapels?

(b) What is at stake and much more difficult to

READING IS SITUATED ON A THRESHOLD: IT IS FOCUSED ON AN 'ELSEWHERE' BUT IS AT THE SAME TIME AWARE OF ITS 'HERE'

deal with, is the loss of the actual presence and public meaning of *memory* and *history*. This is already true for the private reading. What does it imply when, during a long life of reading and writing, only files pile up? When even a whole life of reading and writing hardly leaves a trace in the world, and doesn't produce or mark any 'environment' at all. Is it not as uncanny as a man or a woman who, after a long and full life, carries the face of a twenty–year-old – as a life that didn't write wrinkles? What if from all the work of reading and writing that people have done for thousands of years, nothing would heap up in the world, if it would all hide behind screens and search engines? This is even truer for the reading in public. One can indeed argue that everything a person has read and written

niet alleen leest. In de openbare leeszaal worden alle lezers een schouwspel voor elkaar, en men is er getuige van hoe anderen in hun lectuur verzinken en zo, in stilte, het verleden collectief wordt doorgegeven. Het is het fascinerend schouwspel van lezen en schrijven als een continu proces, gedragen door het gezamenlijk werk van een onzichtbare, anonieme gemeenschap.

Wat staat er op het spel in het 'architectuurprogramma' voor de bibliotheek van de 21e eeuw? Het gaat er niet (meer) om hoe boeken of gedrukt materiaal te bewaren en te ontsluiten: het gaat, vooreerst, om de openbaarheid en de betekenis van het lezen. Allicht zal het lezen als een informele activiteit deel blijven van het leven van vele mensen – enigszins zoals mensen die nooit naar concerten gaan toch op hun walkman naar muziek luisteren. De vraag is echter (a) *of, en eventueel hoe, de lectuur als basisbeeld van het* vita contemplativa *gewaardeerd zal worden en als dusdanig een plaats zal krijgen in het publieke leven en de stad, en (b) of, en eventueel op welke manier, de leeservaring na de dematerializering van het boek en de bibliotheek (nog) verbonden kan worden met geheugen en met geschiedenis.*

Men kan zich de bibliotheek van de eenentwintigste eeuw voorstellen als een 'leespaleis': als een openbare plaats waar mensen gaan om te lezen (zowel de oude, gedrukte boeken die er bewaard worden, als al wat verschijnt op hun eigen e-bookscherm), zoals ze naar concerten of festivals gaan om muziek te horen die ze ook thuis of op de radio kunnen horen. De bibliotheek dus als *locus aemonus,* als een variatie van 'lieflijke plaatsen' waar het goed is om lezen, en men kan kiezen tussen het café, de bookshop, de stille studieruimte, het leessalon met haardvuur en pianomuziek, individuele sobere studiecellen, een besloten leestuin met murmelende fontein of een dakterras om al wandelend te lezen, een leestoren… Dergelijke leespaleizen hoeven zelf niet veel boeken te bewaren, ieder kan op zijn tablet of e-book alles lezen wat hij wil. Wat het paleis doet is de voorwaarden scheppen voor een comfortabele, intense, gevarieerde leeservaring. Mogelijk nog belangrijker is dat het leespaleis zo de levensvorm van het 'beschouwende leven' en de oude cultuur van het lezen een publieke plaats en waardigheid geeft. Hier ligt misschien een toekomst voor een aantal van de lege kerken en gebedshuizen in de steden…

Wat écht op het spel staat, en veel moeilijker ligt, is evenwel het verlies van de sterke tegenwoordigheid

in a life somehow stays and is alive in his or her mind and personality. One doesn't necessarily need souvenirs to have memories. But can one really be aware of everything that has been thought and lived and written when this only shows in the numbers of hits of a Google search? Even just one book taken from the library that exists as an object and a 'body' in the world, seems more 'real' than a long bibliography on the screen, because it has travelled through time and space, originating from the author, to end up with me, to grow old, and

IT IS QUITE REMARKABLE THAT BOOKS ARE NOT STORED AWAY AND HIDDEN AS WE DO WITH INSTRUMENTS, BUT ARE KEPT IN LIVING ROOMS

maybe to survive after I am gone. A book has a life, a file doesn't. How can we believe that there is that common endeavour of making and transmitting knowledge, thought, and wisdom, if it doesn't somehow accumulate in the world, where one can *see* it? Beyond the preservation of a form of life that interrupts and questions our daily 'business', the question of the library of the future concerns the possibility of living with the past, of collective time, of cultural transmission. Victor Hugo famously wrote that the printed book will cause the end of architecture. Library architecture, I believe, has proven him wrong. Books and architecture do have a common cause. Here it is the screen – not the book – that is the enemy.

en de publieke betekenis van het collectieve geheugen en de geschiedenis. Dat geldt reeds voor het private, stille lezen. Wat betekent dat, als er na een lang leven van lezen en schrijven, enkel lange reeksen 'bestanden' op een computer overblijven? Dat een lang leven van lezen en schrijven nauwelijks een spoor achterlaat in de wereld en de omgeving geheel intact laat? Is dat niet even bizar als het gezicht van een man of vrouw die na een lang en vol leven nog het rimpelloos gezicht heeft van een twintigjarige, alsof er niets gebeurd is? Wat betekent het dat het duizendjarig collectief werk van lezen en schrijven niets maakt in de wereld, maar verborgen wordt achter schermen en zoekmachines? En dit alles geldt nog veel meer voor het publieke lezen. Men zou immers kunnen argumenteren dat al wat een persoon in zijn eigen leven gelezen en geschreven heeft een deel van hemzelf is geworden, levend blijft in zijn persoonlijkheid en gedrag, en zo deelneemt aan de wereld. Men kan herinneringen hebben zonder souvenirs te bewaren. Maar kunnen we een besef hebben van al wat reeds gedacht en geleefd en geschreven is, wanneer dat krimpt tot het getal van het aantal hits van een Google search? Eén enkel boek uit de bibliotheek, een ding dat bestaat als een 'lichaam' in de wereld, lijkt werkelijker dan een lange bibliografie op het scherm, omdat dat boek gereisd heeft door de tijd en ruimte waarin ook onze lichamen rondlopen, omdat dat boek ergens 'vertrokken' is bij de schrijver om uiteindelijk bij mij te belanden, verder met mij mee te verouderen en mij te overleven. Een boek heeft een leven, het verbindt tijd, een *file* doet dat niet. Hoe kunnen we geloven in het gemeenschappelijk project om kennis, inzicht en wijsheid te verzamelen, wanneer die niet, op de een of andere manier, accumuleren in de wereld, waar we ze kunnen zien? De toekomst van de bibliotheek gaat dus over méér dan over het overleven van het lezen als een activiteit die in staat is het dagelijkse en het banale te onderbreken. Het gaat over de mogelijkheid om met het verleden te leven, over de collectieve tijd en over cultuuroverdracht. Victor Hugo heeft, zoals bekend, beweerd dat het gedrukte boek het einde van de architectuur heeft ingeleid. De bibliotheekarchitectuur, tot vandaag, geeft hem ongelijk. Het boek en de architectuur staan voor dezelfde zaak. De ware vijand is het scherm.

Ghent University library
Universiteitsbibliotheek Gent
Image/beeld: Geert Roelfs

Brabant Library
Brabant-bibliotheek

Architect: MVRDV
Architect: MVRDV

Location: Noord-Brabant, the Netherlands
Locatie: Noord-Brabant, Nederland

Design: 2002 (study)
Ontwerp: 2002 (studie)

With the Brabant Library the architects MVRDV propose a totally new concept for a central library for the Province of Brabant. Instead of having libraries in every village or town these could be integrated into one essential library, accessible to everyone. Books could be ordered online and delivered through an efficient distribution system. Small selected collections carefully placed in public places like train stations, bars, hospitals and schools could stimulate the demand for books. Information benefits from a systematic order. Therefore the collection of the province would be housed in a 230 meter high tower, in alphabetical order. Books can be reached by a network of staircases and elevators while private research cabins can move up and down so one can browse through the collection. The collection will be grouped around a communal space that functions as the 'Provincial Living Room'. A path of 17 km goes all the way to the top of the tower, also the highest point of Brabant.
With this design, MVDRV proposes a new and radical approach to our existing library system: the sharing and exchange of knowledge on a large scale, mixed with entertainment, leisure and spectacle.

Source: www.mvrdv.nl

Met dit ontwerp voor de Brabant-bibliotheek presenteren de architecten van MVRDV een geheel nieuw concept voor een centrale bibliotheek voor de provincie Brabant. Niet meer in elke stad een eigen bibliotheek, maar allemaal geïntegreerd in een hoofdbibliotheek die voor iedereen toegankelijk is. De boeken zouden via internet besteld kunnen worden en bezorgd via een efficiënt distributiesysteem. In openbare ruimtes zoals stations, cafés, ziekenhuizen en scholen kunnen kleine collecties worden neergezet om de vraag naar boeken te stimuleren. Voor goede informatie is een systematische ordening van groot belang. Daarom zouden de boeken van de provincie in alfabetische volgorde worden neergezet in een toren van 230 meter hoog. De boeken zijn te bereiken via een netwerk van trappen en liften, en er zijn ook besloten onderzoekscabines die omhoog en omlaag kunnen bewegen om zo de collectie te doorzoeken. De boeken worden gerangschikt rond een algemene ruimte die dienstdoet als 'de woonkamer van de provincie'. Een pad van 17 kilometer lang voert naar de top van het gebouw, dat tevens het hoogste punt van Brabant is. Met dit ontwerp komt MVRDV met een nieuwe en radicaal andere aanpak ten opzichte van het bestaande bibliotheeksysteem: het delen en uitwisselen van kennis op grote schaal, vermengd met vertier, ontspanning en spektakel.

Bron: www.mvrdv.nl

Exterior impression of the Brabant Library.
Impressie van het exterieur van de Brabant-bibliotheek.
Image/beeld: MVRDV

PROJECT
Brabant Library
Brabant-bibliotheek

Brabant Library interior view: The book shelves are organised in an upward spiral around a central atrium.
Brabant-bibliotheek, interieur perspectief: de boekenkasten zijn georganiseerd in een grote spiraal rond een atrium over de volle hoogte van de bibliotheek.
Image/beeld: MVRDV

MARKUS MIESSEN: COLLECTIONS AND LOCATIONS

MARKUS MIESSEN: COLLECTIES EN LOCATIES

An interview with Markus Miessen - October 2009
Een interview met Markus Miessen - oktober 2009

Markus Miessen is a London – and Berlin – based architect, researcher, educator, and writer. In 2002, he set up Studio Miessen, a platform for spatial strategy and critical cultural analysis (www.studiomiessen.com).
Markus Miessen is architect, onderzoeker, docent en schrijver. Hij woont en werkt in Londen en Berlijn. In 2002 heeft hij Studio Miessen opgericht, een podium voor ruimtelijke strategie en kritische cultuuranalyse (www.studiomiessen.com)

Because in his research and writing Markus Miessen concerns himself with a different approach to the potential of public space – thorough alternative ideas on participation and location – it seemed fitting to elaborate with him on some of these projects through a Q&A.
Omdat Markus Miessen in zijn onderzoek en publicaties zich bezighoudt met een andere benadering van het potentieel van de publieke ruimte – met doordachte, alternatieve ideeën over participatie en locatie – lag het voor de hand om door middel van een interview wat nader in te gaan op enkele van die projecten.

HUIB HAYE VAN DER WERF: *A reoccurring theme in your recent projects seems to have been the distribution of knowledge: copies of a recent publication were made available to the public without charge, the HUO (Hans Ulrich Obrist[1]) archive will possibly be established in a small village in the hills of Switzerland, and artistic commissions are realized in unexpected areas of public space in Cologne. As an architect as well as an analyst, do you feel it is your practical responsibility to provide alternative methods for the distribution of information, or rather that it is your duty to reveal these alternatives as statements, as concepts of the availability of information?*

HUIB HAYE VAN DER WERF: *De verspreiding van kennis lijkt in uw recente projecten een steeds terugkerend thema te zijn. U heeft exemplaren van een recente publicatie gratis ter beschikking gesteld, het HUO (Hans Ulrich Obrist[1]) archief wordt misschien gevestigd in een dorp in de heuvels van Zwitserland en u hebt artistieke opdrachten uitgevoerd op onverwachte plekken in de openbare ruimte in Keulen. Vindt u dat u, omdat u zowel architect als analyticus bent, in de praktijk de verantwoordelijkheid hebt om alternatieve methoden voor de verspreiding van informatie aan te reiken, of vindt u eerder dat het uw plicht is om dergelijke alternatieven als uitspraken te brengen, als concepten voor de beschikbaarheid van informatie?*

1. Swiss curator, researcher and writer, based in London at the Serpentine Gallery.

1. De Zwitser Hans Ulrich Obrist is conservator, onderzoeker en schrijver en werkzaam in de Serpentine Gallery, Londen.

2. 'Destination Library',
Volume, 2009, no. 15.

2. 'Destination Library',
Volume, 2009, nr. 15.

MARKUS MIESSEN: The distribution of knowledge is a strong interest of mine only to the point where this distribution or curation of existing knowledge starts to produce new knowledge or alter existing realities. I am not sure whether it is my responsibility, but I feel an urge and strong interest when it comes to those issues. Ultimately this urge is based on curiosity: I want to find out what is possible. I am a very curious guy, who gets easily excited. Today, information is available in an endless variety of formats and to an almost infinite degree of detail. However, there are only a few filters that allow you to access information in a meaningful or curated manner. Take the library: of course libraries tend to be highly structured and a lot

TODAY, INFORMATION IS AVAILABLE IN AN ENDLESS VARIETY OF FORMATS AND TO AN ALMOST INFINITE DEGREE OF DETAIL

of work has been put into their order. Nevertheless, the library itself does not become productive beyond the idea of storing this ordered knowledge. Depending on the ordering system that it uses, it is exactly the same library as elsewhere, apart from the kinds of books, materials and/or objects that it stores. From my understanding, this library-condition has produced a continuous Catch-22: you need to know in order to be able to get to know more and produce new knowledge or relationships.

HHvdW: *Do you see this in the HUO archive project and the project for a European Kunsthalle too? In both of these the appearance of information and its accessibility have an interesting relationship to the physical manifestation of the carrier of that information.*

MM: Yes, we are currently working on an archive project with Hans Ulrich Obrist. The aim is to generate a cultural centre that is modelled around his own private archive, as featured in the magazine *Volume*[2]: a cultural centre that consists of a library archive of many books,

MARKUS MIESSEN: De verspreiding van kennis heeft mijn sterke belangstelling in zoverre die verspreiding of conservering van bestaande kennis nieuwe kennis voortbrengt of bestaande werkelijkheden verandert. Ik weet niet zeker of het mijn verantwoordelijkheid is, maar ik heb wel de aandrang en ik ben erg geïnteresseerd in deze kwesties. Uiteindelijk komt die aandrang voort uit nieuwsgierigheid: ik wil weten wat er mogelijk is. Ik ben heel nieuwsgierig ingesteld en ik kan snel enthousiast worden over iets. Informatie is tegenwoordig in een eindeloze variatie van formats beschikbaar, en in een bijna oneindige gedetailleerdheid. Er zijn echter maar een paar filters waarmee je informatie op een zinvolle of 'geredigeerde' manier kunt benaderen. Neem nu de bibliotheek: natuurlijk zijn bibliotheken in hoge mate gestructureerd en is er veel werk gaan zitten in hun ordening. Toch wordt de bibliotheek zelf niet productief en blijft steken in het idee van het opslaan van deze geordende kennis. Afhankelijk van het ordeningssysteem dat wordt gebruikt, is elke bibliotheek eender, afgezien van het soort boeken, materiaal en/of voorwerpen die er worden bewaard. Zoals ik het zie, heeft deze toestand geleid tot een continue Catch-22: je moet eerst iets weten om iets meer te weten te komen en nieuwe kennis te kunnen maken en nieuwe verbanden te kunnen leggen.

HHvdW: *Ziet u dat ook in projecten als het HUO-archief en de Europese Kunsthalle? In beide gevallen is sprake van een interessant verband tussen de verschijning en toegankelijkheid van informatie en de fysieke vorm van de informatiedrager.*

MM: Inderdaad zijn we op dit moment bezig met het archiefproject van Hans Ulrich Obrist. Het is de bedoeling om te komen tot een cultureel centrum dat wordt opgebouwd rond zijn eigen particulier archief, zoals gepresenteerd in het tijdschrift *Volume*[2]: een cultureel centrum dat bestaat uit een bibliotheek/archief met heel veel boeken, video-opnamen en andere media, maar ook met een programma voor gastkunstenaars, een kleine tentoonstellingsruimte, bescheiden overnachtingsmogelijkheden en een kleine Zomeracademie – kortom, als een centrale faciliteit voor gesprekken en gedachtenwisseling. De maatschappelijke implicaties van deze 'architectuur' komen voor ons vooral naar voren in twee vragen: ten eerste, hoe kun je nadenken over de organisatiestructuur van bibliotheken opdat die verrassende resultaten en inhoudelijke verbanden oplevert? Ten tweede, hoe kan de ruimtelijke opbouw van het centrum een model opleveren voor maatschappelijke interactie, een omgeving waar

Pile of book crates in main room, of HUO archive in Berlin. Hans Ulrich Obrist rents an apartment in Berlin in which only books and archives reside. For this material a library and Summer Academy is proposed to be realized in the small Swiss town of Tschlin
Stapels en dozen in de woonkamer van het HUO archief in Berlijn. Hans Ulrich Obrist huurt een appartement in Berlijn enkel voor boeken en archieven. Voor dit material moet een bibliotheek en zomeracademie gerealiseerd worden in het kleine Zwitserse dorp Taschlin
Image/beeld: Armin Linke

video recordings, and other media, as well as a residency programme for artists, a small exhibition space, a number of overnight facilities as well as a small Summer Academy – as a central resource for conversation and exchange. For us, the social implications of this 'architecture' are most evident in two questions: first, how one can question the organizational structure of libraries in the sense that it produces surprising results and relationships between content; and secondly, how can the spatial structure of the centre produce a blueprint for social interaction, an environment for people to meet, to seclude themselves while still being part of a larger community, how can conflicts be played out? For us, this is where architecture can have an impact on small-scale societal structures. Regarding the question of the Kunsthalle as a space of knowledge production the study conceptualized, tested and practically applied a spatial strategy for the European Kunsthalle, an institution in the making. The Kunsthalle therefore did not result from purely theoretical considerations but was the result of the activities incorporated into the founding phase of its realization. What a group of researchers – Nikolaus Hirsch, Philipp Misselwitz, Matthias Görlich and myself – tried to develop was an alternative take

mensen elkaar kunnen ontmoeten en zich ook kunnen afzonderen, terwijl ze toch deel blijven uitmaken van een grotere gemeenschap, en hoe kunnen conflicten worden afgewikkeld? Dat is voor ons het punt waarop de architectuur van invloed kan zijn op kleinschalige maatschappelijke verbanden.
Wat betreft de Kunsthalle als een ruimte voor kennisproductie: ons onderzoek heeft voor de Europese

TOCH WORDT DE BIBLIOTHEEK ZELF NIET PRODUCTIEF EN BLIJFT STEKEN IN HET IDEE VAN HET OPSLAAN VAN DEZE GEORDENDE KENNIS

Kunsthalle, een instituut in wording, een ruimtelijke strategie geformuleerd, beproefd en praktisch toegepast. De Kunsthalle was dus niet het resultaat van puur theoretische overwegingen maar kwam voort uit de activiteiten in de oprichtingsfase. Een groep

Primary location of HUO Archive. (Tschlin, Switzerland), This site would be converted into main part of the Summer Academy.
Hoofdlocatie voor het HUO archief (Tschlin, Zwitserland). Dit gebouw moet verbouwd worden tot het onderkomen vvan de zomeracademie .
Image/beeld: nOffice

European Kunsthalle, Cologne, 'Models for Tomorrow' exhibition, 2007, Bik van der Pol site at a public gas station, titled: 'Ideas you believe are absurd ultimately lead to success', installation
European Kunsthalle, Keulen, tentoonstelling 'Modelle für Morgen', 2007, installatie van Bik van der Pol bij tankstation: 'Ideas you believe are absurd ultimately lead to success'

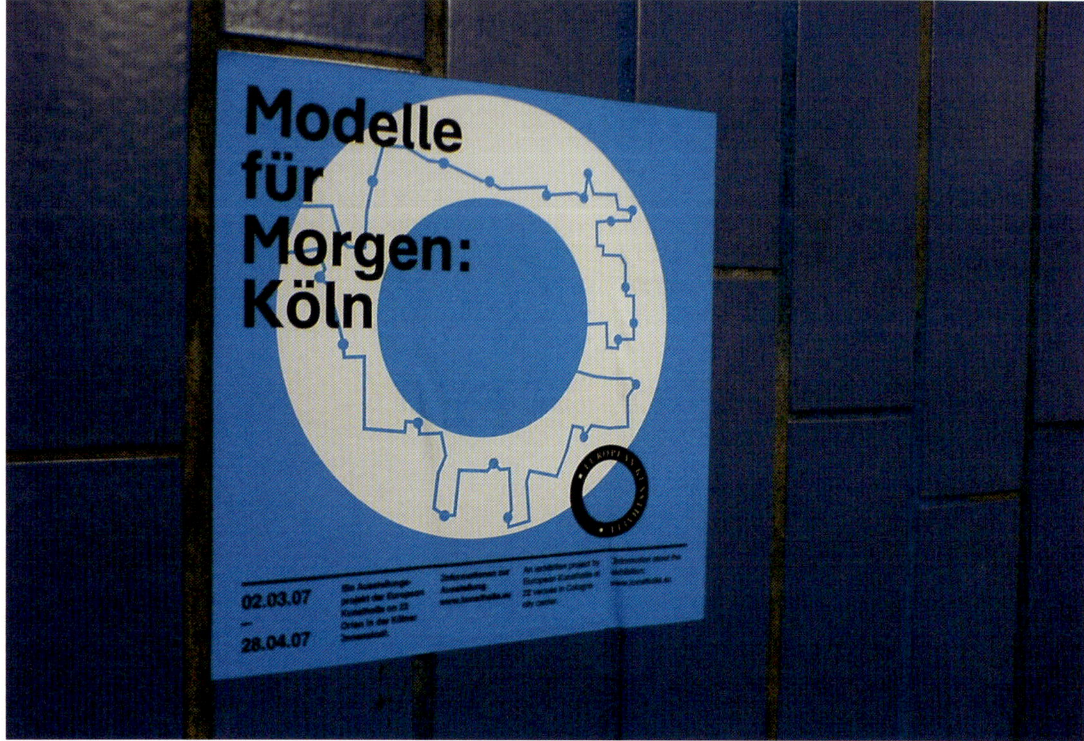

European Kunsthalle, Cologne, 'Models for Tomorrow' exhibition, 2007, sticker allocating one of the 22 sites en route of the urban loop
European Kunsthalle, Keulen, tentoonstelling 'Modelle für Morgen', 2007, sticker van 1 van de 22 tentoonstellings-locaties in de stad

on how cultural institutions might spatialize in contemporary Europe and beyond. There were two major components in this two-year phase: a 30-day symposium in the centre of Cologne where the status of Europe as a cultural and spatial phenomenon was dicussed, and the exhibition 'Models for Tomorrow', which tested some of the exploratory research about the potential of post-public spaces in European cities. Our work culminated in a concentric ring layout in the city centre of Cologne, which offered a 2,5 hour walk along a newly designed urban route that would take you round 22 exhibition spaces with site specific installations. The point of this exercise was to illustrate that there is a plethora of possibilities for an institution to 'become', other than the default mode of constructing a physical building, which eats up the operative capital of the institution and leaves no resources for a challenging and complex programming of those spaces.

HHvdW: *Do you then imply that a library need not be a building but rather can be a collection of spaces that inherently obtain information? If so, does programming these spaces alter the function of the public library from being an autocratic house for a collection, to being an agent of information?*

MM: A library or archive can spatialize in various forms and formats. If it is based on the concept of a physically centralized knowledge hub its main structural device is that of an order – however this order is conceived or what its formal characteristics are. If it is decentralized, what becomes almost as important are the missing bits inbetween. What happens on the physical path between the different components? What are the driving forces for such physical division? Who sets up the relationships between those different spaces and how are they programmed vis-à-vis the other components within the system…

HHvdW: *Many people would say that the library is a dormant and submissive platform of knowledge that is in service to the user. At the same time the expression 'knowledge is power' still seems a relevant statement for our contemporary society, and power isn't particularly submissive. If the library holds this potential of power, does that make it a political instrument? Is building a library a political act?*

onderzoekers – Nikolaus Hirsch, Philipp Misselwitz, Matthias Görlich en ikzelf – heeft geprobeerd om een alternatieve kijk te ontwikkelen op hoe culturele instellingen ruimtelijk vorm zouden kunnen krijgen in het Europa van nu, maar ook daarbuiten en in de toekomst. Die eerste fase nam twee jaar in beslag en kende twee belangrijke componenten: een symposium van een maand in het centrum van Keulen over de status van Europa als cultureel en ruimtelijk fenomeen, en de tentoonstelling 'Models for Tomorrow', waarin een deel van het inventariserende onderzoek naar het potentieel van post-openbare ruimten in Europese steden beproefd werd. Het eindresultaat was een ontwerp van concentrische ringen in het stadscentrum van Keulen die een wandeling van een tweeënhalf uur besloegen langs een nieuw ontworpen stedelijke route die je langs 22 tentoonstellingsruimten met locatiegebonden installaties voerde. De achterliggende gedachte was om te laten zien dat er een heel scala van manieren bestaat waarop een instituut kan 'ontstaan', naast de gebruikelijke methode van het neerzetten van een echt gebouw dat het werkkapitaal van het instituut opslokt, waardoor er geen geld overblijft voor een uitdagende en complexe programmering van die ruimten.

HHvdW: *Wilt u daarmee zeggen dat een bibliotheek niet per se een gebouw hoeft te zijn, maar ook een verzameling van ruimten kan zijn die vanuit zichzelf al informatie verwerven? En zo ja, verandert het programmeren van deze ruimten dan de functie van de openbare bibliotheek als een autocratisch huis voor een verzameling in die van een bezorger van informatie?*

HET PUNT WAAROP DE ARCHITECTUUR VAN INVLOED KAN ZIJN OP KLEINSCHALIGE MAATSCHAPPELIJKE VERBANDEN

MM: Een bibliotheek of archief kan in diverse vormen en formats ruimtelijk gestalte krijgen. Als zo'n instelling is gebaseerd op het concept van een gecentraliseerd knooppunt van kennis, dan is het belangrijkste structurele element een bepaalde ordening, hoe die ordening er ook uitziet of wat de formele kenmerken ervan ook zijn. Als een instelling gedecentraliseerd

MM: Knowledge is power, but knowledge without knowing how to use it can also work against you, or in fact can hinder you from being productive. This is for me still one of the huge issues that Google is facing: they have at their fingertips probably the greatest knowledge resource on earth, but it remains highly unproductive. It does not produce new relationships because – at the end of the day – a search engine is a machine without human errors, emotional memory and spontaneous creativity. A library is generally only as good as the person that is using it. Of course one should attempt to make the material and content as accessible as possible, but the actual success of use always depends on the user. This is not to say that we do not have to

IS BUILDING A LIBRARY A POLITICAL ACT?

care about the design of the library, but rather the opposite: the easier we make it for users to engage themselves in the content and knowledge structure in a meaningful and productive way, the more likely it will be that the library, in return, will benefit from this use. In other words: knowledge is always shared, never just taken in a vampire bloodsucking kind of way.

HHvdW: *That is an interesting metaphor – and a rather haunting image – but in keeping with the comparison: what about 'bad' or 'forbidden' blood then? Do you imagine there to be information that is not relevant to the concept of a public library? Or, perhaps, knowledge that explicitly should not be made accessible?*

MM: This is interesting as it is of course a question posed by a curator, and curatorial practice, one could argue, is almost exclusively about ruling out, about making decisions, about exclusion. Yes indeed, not everything can or should be included in a public library. I believe that libraries and archives should be as specific as possible. If it is 'just another public library' users also do not get too excited in terms of using it, as they would probably miss a specific point of entry. The most interesting libraries or archives to me are based on nerdism; the more eccentric, the better. If you really want to know something,

is, worden de tussenliggende stukjes bijna even belangrijk. Wat gebeurt er op het fysieke pad tussen de verschillende bestanddelen? Wat zijn de drijvende krachten achter zo'n fysieke opdeling? Wie legt de verbanden tussen de verschillende ruimten en hoe worden zij geprogrammeerd tegenover de andere componenten in het systeem?

HHvdW: *De bibliotheek wordt door veel mensen gezien als een inert en onderdanig platform van kennis ten dienste van de gebruiker. Tegelijkertijd lijkt de uitspraak 'kennis is macht' nog steeds op te gaan voor de hedendaagse samenleving, en macht is niet bepaald onderdanig. Is de bibliotheek daarmee een politiek instrument, als dit machtspotentieel behouden blijft? Is het stichten van een bibliotheek een politieke daad?*

MM: Kennis is macht, maar kennis waarvan je niet weet hoe je die moet gebruiken, kan zich ook tegen je keren of je hinderen in je productiviteit. Dat vind ik ook nog steeds een van de grotere problemen voor Google: ze hebben waarschijnlijk de grootste bron van kennis ter wereld tot hun beschikking, maar die blijft in hoge mate onproductief. Er komen geen nieuwe verbanden tot stand, omdat een zoekmachine uiteindelijk een machine is zonder menselijke fouten, zonder emotioneel geheugen en zonder spontane creativiteit. In het algemeen is een bibliotheek maar zo goed als degene die hem gebruikt. Natuurlijk moeten we proberen om het materiaal en de inhoud zo toegankelijk mogelijk te maken, maar een werkelijk geslaagd gebruik hangt altijd af van de gebruiker. Dat wil niet zeggen dat we ons niet druk hoeven te maken over het ontwerp van de bibliotheek, eerder het tegendeel: hoe eenvoudiger we het voor gebruikers maken om zich op een zinvolle en productieve manier in de inhoud en de kennisstructuur te verdiepen, hoe groter de kans dat de bibliotheek zelf ook baat heeft bij dit gebruik. Met andere woorden. Kennis wordt altijd gedeeld, nooit alleen maar opgezogen zoals een vampier bloed drinkt.

HHvdW: *Dat is een interessante metafoor – en een beeld dat je bijblijft – maar om de vergelijking door te trekken: hoe zit het dan met 'slecht' of 'verboden' bloed? Denkt u dat er informatie bestaat die niet relevant is voor het idee van een openbare bibliotheek? Of kennis die expliciet niet toegankelijk zou moeten zijn?*

MM: Die vraag is interessant, want dat vragen bibliothecarissen zich natuurlijk af. Je zou kunnen zeggen dat hun werk bijna uitsluitend bestaat uit

European Kunsthalle, Cologne, 'Models for Tomorrow' exhibition, 2007, entrance to Cologne Chamber of Commerce with works by Luca Frei
European Kunsthalle, Keulen, tentoonstelling 'Modelle für Morgen', 2007, installatie van Luca Frei in de entree van de Kamer van Koophandel

you will also not mind travelling for it. I guess that what you are meaning by 'knowledge that should explicitly not be made accessible' is a kind of censorship. I am personally against the idea of ruling out knowledge from the point of view of withholding and containment, but I am in favour of making certain relationships between works more obvious and not let others obscure those relations. The ideal library grows because it is being used, so accessibility of further knowledge would be a fundamental component within its design-structure.

THE MOST INTERESTING LIBRARIES OR ARCHIVES ARE BASED ON NERDISM; THE MORE ECCENTRIC, THE BETTER

HHvdW: *When conceiving of a 'public library', who is responsible for providing the structure of the access to knowledge: the architect, the library organization, the (city) government or the user? Whose task is it to make information accessible, and to decide how this is done? An architect can design a library but does he/she then also design the way in which users obtain information?*

MM: One could argue that in an ideal world, knowledge should be transparent and accessible. This is obviously not the case, and its framework has changed over history. With the advent of the Internet and search engines, the realities of accessibility have changed dramatically. The only problem, however, is that often the knowledge is not filtered at all and what we are being presented with instead is a plethora of raw material that needs editing, and – above all – time. I am not trying to make an argument for all architects to also become content producers and framework designers. I am personally very

afwijzen, het maken van keuzes, uitsluiten. Inderdaad, niet alles kan of hoeft te worden opgenomen in een openbare bibliotheek. Ik vind dat bibliotheken en archieven zo specifiek mogelijk moeten zijn. Van een 'gewone openbare bibliotheek' zullen gebruikers ook niet vreselijk enthousiast worden in de zin dat ze er vaak zullen komen, waarschijnlijk omdat ze een specifiek aanknopingspunt missen. Zelf vind ik een bibliotheek of archief het interessantst als die de insteek van een 'nerd' heeft; hoe excentrieker, hoe beter. Als je echt iets wilt weten, heb je er ook geen bezwaar tegen om daarvoor op pad te gaan. Ik neem aan dat je met 'kennis die expliciet niet toegankelijk zou moeten zijn' een soort censuur bedoelt. Persoonlijk ben ik tegen het idee om kennis uit te sluiten vanuit het idee dat je dingen zou moeten achterhouden of afschermen, maar waar ik vóór ben is om bepaalde verbanden tussen werken duidelijker te maken en die verbanden niet te laten verdoezelen. De ideale bibliotheek groeit omdat die gebruikt wordt, dus het toegankelijk maken van nog meer kennis zou een fundamenteel onderdeel moeten zijn van het ontwerp.

HHvdW: *Als we ons een 'openbare' bibliotheek voorstellen, wie is dan verantwoordelijk voor de manier waarop de kennis daarin wordt ontsloten: de architect, de beheerder van de bibliotheek, de overheid of de gebruiker? Wiens taak is het om informatie toegankelijk te maken en te bepalen hoe dat gebeurt? Een architect kan een bibliotheek ontwerpen, maar moet hij of zij dan ook de manier ontwerpen waarop gebruikers de informatie tot zich kunnen nemen?*

MM: Je kunt natuurlijk de opvatting huldigen dat in een ideale wereld alle kennis transparant en toegankelijk moet zijn. Dat is echter duidelijk niet het geval en het is in de loop van de geschiedenis ook steeds veranderd. Met de opkomst van internet en zoekmachines is de toegankelijkheid drastisch toegenomen. Het enige probleem is echter dat kennis totaal niet gefilterd wordt en dat we een lawine van ruw materiaal krijgen voorgeschoteld dat eigenlijk geredigeerd moet worden en dan vooral eerst moet bezinken. Ik wil er niet voor pleiten dat alle architecten ook inhoud moeten gaan produceren en kaders moeten gaan ontwerpen. Ik ben persoonlijk zeer geïnteresseerd in deze kwestie, omdat ik denk dat die twee zaken – architectuur en inhoud – elkaar niet alleen aanvullen, maar ook onlosmakelijk met elkaar verbonden zijn. Dat gaat verder dan het idee van een holistisch ontwerpproces en houdt er rekening mee waarin je goed bent en waarin je misschien niet zo

interested in this issue, because I think that the two – architecture and content – not only complement each other, but also are intrinsically interlinked. This goes beyond the idea of a holistic design process and it acknowledges what one is good at and what one is maybe not good at. Within the remit of archives and libraries, we are working – with nOffice – on several projects that are investigating potential ways of dealing with knowledge in space. So from that point of view I would say that we have something to say about the issue. If one asked us to build a theatre, we would of course want to be involved in content questions, but would not pretend that we are experts on dance or how to programme a theatre. However, our outsiders' perspective could be of value – a specific value that is often neglected, as it is not quantifiable at first.

HHvdW: *Many discussions on the role of the library result in a debate about the relationship between the future of the library and the future of the book. But perhaps more relevant is what the future of reading looks like, given the current state of digital innovation. Keeping in mind phenomena such as Twitter (max amount of characters), increased commerciality, the prevalence of headline news (rather than in-depth reporting), and the Text Message lingua, do you think the act of reading – and our ability to do so – stands at urgent crossroads? If so, what role do/can you play in this?*

MM: I don't think the era of the book or of physical print media is over. On the contrary: the more digital material is out there, the more I am longing for edited, well-put-together physical containers of knowledge into which somebody has already put a lot of work and has pre-selected the knowledge that he or she thinks is valuable. I personally do not believe in the phenomena of digital innovation as you describe them, simply because they require only a short attention span and do hardly every go beyond the format of a chat or a blog. My problem with blogs is that usually people add more and more material, but this material tends to be highly unedited and therefore not very usable for others. If one was to really want to make use of the different formats, techniques and protocols of the digital innovation you are describing, it would almost be like a separate job description and one would have to immediately stop everything else in order to fully concentrate on

goed bent. Binnen de opdrachtsfeer van archieven en bibliotheken werken wij – samen met nOffice – aan diverse projecten waarin wordt onderzocht op welke potentiële manieren je in de ruimte kunt omgaan met kennis. Vanuit dat gezichtspunt vind ik dus wel dat we iets over de kwestie te melden hebben. Als je ons vraagt om een theater te bouwen, willen we natuurlijk betrokken worden bij inhoudelijke zaken, maar zonder de pretentie dat wij experts zouden zijn op het gebied van dans of het programmeren van een theater. Toch kan onze blik als buitenstaander van waarde zijn – van een specifieke waarde, die dikwijls wordt veronachtzaamd omdat hij in eerste instantie niet te kwantificeren is.

HHvdW: *Menig gesprek over de rol van de bibliotheek mondt uit in een discussie over de relatie tussen de toekomst van de bibliotheek en de toekomst van het boek. Misschien is het echter van meer belang om het te hebben over hoe de toekomst van het lezen eruitziet, gezien de huidige stand van de digitale innovatie. Als we denken aan verschijnselen als Twitter (een maximaal aantal letters), toegenomen commercie, steeds meer nieuws-in-krantenkoppen in plaats van diepgravende reportages, en sms-taal, vindt u dan dat het lezen zelf – en onze vaardigheid daarin – zich op een gevaarlijk kruispunt bevindt? En zo ja, welke rol speelt u daarin of kunt u daarin spelen?*

VAN EEN 'GEWONE OPENBARE BIBLIOTHEEK' ZULLEN GEBRUIKERS OOK NIET VRESELIJK ENTHOUSIAST WORDEN

MM: Ik geloof niet dat het tijdperk van het boek of van gedrukte media voorbij is. Integendeel: hoe meer digitaal materiaal er voorhanden is, hoe meer ik behoefte heb aan geredigeerde, goed samengestelde, tastbare kennisdragers waaraan iemand al een heleboel werk heeft besteed door het voorselecteren van kennis die hij of zij van waarde acht. Persoonlijk geloof ik niet in die verschijnselen van digitale innovatie die u beschrijft, domweg omdat ze maar een korte aandachtsboog vergen en bijna nooit de vorm van

this only. It is similar to browsing the Web: before you know it you have spent six hours online without really having produced anything. A lot of this material requires only a short attention span and memory capacity. What I am interested in is the practice of editing as a means of accessibility, coupled with the use of cross-reference as a critical generator for knowledge. What I refer to does not necessarily relate to forms of opposition but to alternative regimes of entry. How does one manage to gain access to fields of knowledge and practices that one is usually not invited to take part in?

HHvdW: *So you believe in conflict? In confrontation?*

MM: I hope that I will not be misunderstood: I agree that negating or simply offering critique will not get us anywhere. It is similar to the notion of opposition: very often it is a way for cynics to illustrate their impotence. Maybe I am a romantic driven by relentless optimism, but I genuinely believe that change is possible. And in case this does not happen through a client, the client needs to be invented or self-generated. Constructive criticism through offering alternatives is always more fruitful than simply being reactive.

een chat of een blog overstijgen. Het probleem dat ik met blogs heb, is dat de mensen meestal steeds meer materiaal toevoegen, maar dat dit materiaal nauwelijks wordt geredigeerd en daardoor niet erg bruikbaar is voor anderen. Als we echt gebruik willen maken van de verschillende formats, technieken en protocollen van de digitale innovatie die u schetst, zou dat bijna neerkomen op een nieuwe functie-omschrijving en zouden we onmiddellijk moeten ophouden met alles wat we deden om ons alleen nog maar daarop te concentreren. Het is net als met surfen over het web: voor je het weet, ben je zes uur online geweest zonder dat er echt iets uit je handen is gekomen. Veel van dit materiaal vergt alleen maar een korte aandachtsboog en weinig geheugencapaciteit. Wat mij interesseert, is de praktijk van het redigeren als een middel tot toegankelijkheid, gekoppeld aan het gebruik van verwijzingen als kritische generator van kennis. Daarmee doel ik niet per se op vormen van verzet maar op alternatieve toegangswegen. Hoe krijg je het voor elkaar om toegang te krijgen tot kennis- en praktijkgebieden waarvoor je normaal gesproken niet wordt uitgenodigd?

HHvdW: *U gelooft dus in het conflict? In de confrontatie?*

MM: Ik hoop niet dat ik nu verkeerd word begrepen: ik ben het ermee eens dat het ontkennen van dingen, of alleen maar kritiek hebben, nergens toe leidt. Het is net als met het idee van verzet: dat is vaak alleen maar een manier waarop cynische mensen hun onmacht uiten. Misschien ben ik een door ongebreideld optimisme gedreven romanticus, maar ik geloof echt dat verandering mogelijk is. En als dat niet lukt via een opdrachtgever, dan moet zo'n opdrachtgever worden uitgevonden of spontaan ontstaan. Opbouwende kritiek leveren door alternatieven aan te bieden levert altijd meer op dan alleen maar defensief reageren.

**Hans Ulrich Obrist –
on location at his archive/
appartment in Berlin –
studying material from one
of the archief boxes of the
architect Cedric Price**
Hans Ulrich Obrist – op locatie
in zijn archief/appartement in
Berlijn – bestudeert material
uit een van de archiefdozen van
de architect Cedric Price.
Image/Beeld: Armin Linke

STATISTICS
STATISTIEKEN

In order to grasp the future of the library the past and present must be taken into account. The following is a statistical review that provides a platform for this future. It reveals the (changing) interests of Dutch library users over the last 15 years, who those users are and how these changes play a role on an international level.

Om de toekomst van de openbare bieb te kunnen begrijpen moet rekening gehouden worden met heden en verleden. Hieronder een statistisch overzicht dat een platform vormt voor deze toekomst. Het laat zien wat de (veranderende) interesses van Nederlandse bibliotheekbezoekers in de afgelopen 15 jaar zijn geweest, wie die bezoekers zijn en hoe de veranderingen een rol spelen op het international vlak.

Computer use in libraries, according to membership and computer activity, population from the age of 6 (in percentages)

Computergebruik in de bibliotheek, naar lidmaatschap en computeractiviteit, bevolking vanaf 6 jaar (in procenten)

		Computer use Computergebruik	**Consulting the catalogue** Raadplegen catalogus	**Use of CD-ROM** Gebruik CD-ROM	**Consulting the database** Raadplegen database	**Internet** Internet
1999	**Members** Leden	50	93	6	4	13
	Non-members	6	87	7	5	16
2003	**Members** Leden	43	90	4	4	17
	Non-members	5	76	4	9	29

Bron: SCP (AVO '99 – '03)

Time spent, itemized for the five core functions of the library, population from the age of 12, 1995–2005 (in hours per week)

Tijdsbesteding uitgesplitst naar de vijf kernfuncties van de bibliotheek, bevolking vanaf 12 jaar, 1995–2005 (in uren per week)

		1995	2005
Knowledge and Information Kennis en informatie	**Reading magazines** Tijdschriften lezen	1.0	0.7
	Reading newspapers and news magazines Kranten en nieuwsbladen lezen	2.0	1.5
	Watching teletext /Teletekst kijken	0.1	0.1
	Reading free local papers Huis-aan-huisbladen lezen	0.2	0.1
	Watching cable TV information service Kabelkrant kijken	0.0	0.0
	Reading books: informative Boeken lezen: informatief	–	0.2
	Computer on-line: news & newspapers Computer online: nieuws & kranten	–	0.1
	Computer on-line: goal-oriented research Computer online: gericht info zoeken	–	0.4
Personal Development and Education Ontwikkeling en educatie	**Education and courses** Vorming en cursussen	0.6	0.5
Art and Culture Kunst en cultuur	**Visits to public events** Bezoek evenementen	0.5	0.4
	Cultural participation Cultuurparticipatie	0.3	0.4
	Tinkering, fancywork Knutselen, handwerken	1.1	0.6

		1995	2005
	Individual hobbies Solitaire hobby's	1.4	4.2
	Creative activities Creatieve activiteiten	0.6	0.4
	Listening to music Muziek luisteren	0.3	0.1
	Watching videos Video kijken	0.6	0.7
	Computer offline: films, DVD	–	0.1
	Computer offline: CD's, MP3	–	0.1
	Computer off-line: **cd's, mp3**	–	0.1
Reading literature Lezen literatuur	**Books** Boeken	1.2	1.3
	Newspapers Dagbladen	2.2	1.7
	Magazines Tijdschriften	1.0	0.7
Encounter and Debate Ontmoeting en debat	**Being active in political organisations** Deelname politieke organisaties	0.4	0.3
	Club activities Verenigingswerk	0.5	0.3
	Volunteer work Vrijwilligerswerk	1.0	0.8
	Social contacts Sociale contacten	9.3	7.5

	1995	2005
Eating in restaurants / Eten in restaurant	0.4	0.7
Parties / Feestje	1.0	1.1
Visiting pubs, snack bars, dance clubs, etc. / Bezoek café, snackbar, dancing, etc.	1.0	1.1
Party games / Gezelschapsspelen	0.6	0.5
Children's games / Kinderspelen	0.2	0.2
Computer online: e-mail	–	0.4
Computer online: chat, msn, etc.	–	0.7

– = no data available **for this year** / in het betreffende jaar niet gemeten
Source / bron: **SCP (TBO '95, '05)**

Library visits according to origin, population of the 50 biggest cities, for the age group of 15 to 65, 2004/2005 (in percentages)

Bibliotheekbezoek naar herkomst, bevolking van de 50 grootste steden van 15 tot 65 jaar, 2004/2005 (in procenten)

	In the past 12 months / Afgelopen 12 maanden	Once a week or more often / 1x per week of vaker	Once in 1 or 2 weeks / Eens per 1 of 2 weken	Once in 3 or 4 weeks / Eens per 3 of 4 weken	Once a month or less often / 1x per maand of minder vaak
Turks / Turken	31	3	15	23	58
Moroccans / Marokkanen	34	8	20	15	57
Surinamers	30	6	9	17	67
Antilleans / Arubans	31	8	16	13	63
Autochthons	37	5	14	26	55

Source/bron: SCP (LAS '04/'05)

Library visits, lending and collection sizes per head of population in a number of countries

Bibliotheekbezoeken, uitleningen en collectieomvang per hoofd van de bevolking voor een aantal landen

		2000	2001	2002	2003	2004	2005
Visits Bezoeken	Australia*	4.9			5.0		
	Finland	12.4	12.5	12.8	12.7	12.8	12.0
	New-Zealand*	7.2	8.8	9.0	7.5	7.8	
	United States	4.3	4.3	4.5	4.6		
Lending Uitleningen	Denmark	13.6	13.7	13.4	13.6	13.8	13.6
	England*	6.9					
	Finland	19.7	19.9	20.5	20.8	21.0	20.1
	New-Zealand*	13.8	13.4	12.5	12.7	13.0	
	United States	6.4	6.5	6.8	7.0		
	Netherlands	9.8	9.5	9.1	8.8	8.5	8.3
Collecties Collection	Australia*	2.1			2.1		
	Denmark	5.8	6.0	5.7	5.4	5.4	5.2
	England*	1.9					
	Finland	7.9	8.0	7.9	7.9	7.9	7.8
	New-Zealand*	3.2	3.1	2.9	3.0	3.0	
	Netherlands	2.7	2.7	2.6	2.5	2.4	2.3

*** For these countries the figures are for the second half of the year mentioned plus the First half of the following year. The column '2000' therefore concerns 2000/2001.**

* In deze landen bestaan statistieken de tweede helft van het genoemde en de eerste helft van het volgende jaar. Dus kolom 2000 gaat over 2000/2001.

Source: www.pla.org.au; www.bs.dk; Moore 2003; www.lianza.org.nz; www. ala.org; CBS (StatLine). The figures for Finland were provided by the Finnish Ministry of Education.

Bron: www.pla.org.au; www. bs.dk; Moore 2003; www. lianza.org.nz; www.ala.org; CBS (StatLine). De Finse cijfers komen van het Finse ministerie van Onderwijs.

Time spent on computer activities by computer users as their main spare time activity, according to age groups, population from the age of 12 (in hours per week)

Tijdsbesteding aan computeractiviteiten van computergebruikers als hoofdactiviteit in de vrije tijd, naar leeftijdsgroep, bevolking vanaf 12 jaar (uren per week)

		All Allen	Age Leeftijd 12-19	Age Leeftijd 20-34	Age Leeftijd 35-49	Age Leeftijd 50-64	Age Leeftijd >65
Offline	Word processing Tekstverwerken, etc.	0.48	0.35	0.20	0.42	0.86	0.87
	Games	0.71	1.61	0.60	0.31	0.57	1.06
	Watching films & DVD's / kijken	0.15	0.23	0.33	0.03	0.10	0.06
	Listening to CD's, MP3's / beluisteren	0.10	0.17	0.10	0.12	0.07	0.00
	Photos Foto's, etc.	0.44	0.20	0.46	0.40	0.50	0.73
Online	E-mail	0.65	0.17	0.58	0.93	0.77	0.53
	Chat, msn, etc.	0.98	4.16	0.86	0.16	0.27	0.03
	Games	0.58	1.53	0.50	0.41	0.42	0.14
	Watching broadcasts Uitzendingen kijken	0.11	0.04	0.11	0.14	0.07	0.28
	Listening to the radio Radio luisteren	0.02	0.03	0.01	0.02	0.02	0.05
	News/newspapers Nieuws/kranten	0.12	0.03	0.10	0.10	0.23	0.14
	Internet banking /shopping Internetbank/shoppen	0.17	0.04	0.14	0.20	0.25	0.20
	Goal-oriented research Gericht informatie zoeken	0.58	0.31	0.66	0.66	0.68	0.36
	Just 'surfing' Zomaar surfen	0.49	0.61	0.65	0.50	0.29	0.22

Source/bron: SCP (TBO '05)

Links
Links

Vereniging Openbare Bibliotheken
http://www.debibliotheken.nl/

Internet Public Library
http://www.ipl.org/

Public Libraries International Network
http://www.public-libraries.net/

**International dictionary of library histories,
Volume 1
David H. Stam**
http://books.google.com/books?id=Zoq_
TtEN54IC&printsec=frontcover&hl=nl&
source=gbs_v2_summary_r&cad=0#v=
onepage&q=&f=false

**International Federation of Library
Associations and Institutions (IFLA)**
http://www.ifla.org/

UNESCO Library
http://www.unesco.org/library/

American Library Association
http://www.ala.org/index.cfm

European Commission's Central Library
http://ec.europa.eu/libraries/doc/index_en.htm

Copac® library catalogue
http://copac.ac.uk/

The European Library
http://search.theeuropeanlibrary.org/portal/
en/index.html

The Global Library
http://www.theglobalsite.ac.uk/global-library/

National Library Catalogues Worldwide
http://www.library.uq.edu.au/ssah/jeast/

WorldCat
http://www.worldcat.org/

**The United Nations Office at Geneva
(UNOG) Library**
http://www.unog.ch/80256EE60057D930/
%28httpHomepages%29/60249FAB9674
BFA0C1256F560035AB55?OpenDocument

JISC – Future of the Library debate
http://www.jisc.ac.uk/whatwedo/campaigns/
librariesofthefuture/debate.aspx

CREDITS COLOFON

Authors: Rients Dijkstra & Jason Hilgefort, Markus Miessen, Katherine Rosmalen, Daniel van der Velden, Bart Verschaffel, Linda Vlassenrood, Huib Haye van der Werf, Ester van der Wiel & Jurgen Bey
Editor: Huib Haye van der Werf
Translation: Christine Gardner
Proofreading: Els Brinkman
Image editor: Huib Haye van der Werf
Design: De Designpolitie, Amsterdam
Lithography and printing: Die Keure, Brugges (Belgium)
Paper: Perigord 150 gr/m^2
Production: Marcel Witvoet, NAi Publishers, Rotterdam
Publisher: Eelco van Welie, NAi Publishers, Rotterdam

This publication and its content is largely the product of the lecture series and workshop 'The Architecture of Knowledge (TAOK)' held at the NAI in Rotterdam in the summer of 2009, in close collaboration with the Netherlands Association of Public Libraries.

TAOK concept and production: Rob Bruijnzeels, Marcel Kollen, Joyce Langezaal, Katherine Rosmalen, Linda Vlassenrood and Huib Haye van der Werf

TAOK participants: Vincent Akkermans, Julin Ang, Annemarie van den Berg, Keri Bronk, Helma Bovens, Merijn van Essen, Geert Folmer, Renee Heijkoop, Femke Herregraven, Jan Jacobs, Natasja Jonckhere, Dongwoo Kang, Kees de Klein, Takaomi Koibuchi, Rozemarijn Koopmans, Nina Larsen, Henrik van Leeuwen, Sander van Loon, Emilie Meaud, Nikki Remo van Nuland, Wonmin Park, Elma Plaisier, Eva Rius van Teeseling, Linda van Sommeren, Aafke Weller

For more information please visit:
www.thearchitectureofknowledge.nl

This publication was made possible with the generous support of the Netherlands Association of Public Libraries and the Friends of the NAI.

Printed and bound in Belgium
ISBN 978-90-5662-747-8

© 2010 NAi Publishers, Rotterdam

Auteurs: Rients Dijkstra & Jason Hilgefort, Markus Miessen, Katherine Rosmalen, Daniel van der Velden, Bart Verschaffel, Linda Vlassenrood, Huib Haye van der Werf, Ester van der Wiel & Jurgen Bey
Redactie: Huib Haye van der Werf
Vertaling: Leo Reijnen
Tekstredactie: Els Brinkman
Beeldredactie: Huib Haye van der Werf
Vormgeving: De Designpolitie, Amsterdam
Lithografie en druk: die Keure, Brugge (België)
Papier: Perigord 150 gr/m^2
Productie: Marcel Witvoet, NAi Uitgevers, Rotterdam
Uitgever: Eelco van Welie, NAi Uitgevers, Rotterdam

Deze publicatie is grotendeels de uitkomst van de lezingenserie en workshop 'The Architecture of Knowledge (TAOK)' georganiseerd door het NAi in Rotterdam in de zomer van 2009 in nauwe samenwerking met Vereniging Openbare Bibliotheken.

TAOK concept en productie: Rob Bruijnzeels, Marcel Kollen, Joyce Langezaal, Katherine Rosmalen, Linda Vlassenrood and Huib Haye van der Werf

TAOK deelnemers: Vincent Akkermans, Julin Ang, Annemarie van den Berg, Keri Bronk, Helma Bovens, Merijn van Essen, Geert Folmer, Renee Heijkoop, Femke Herregraven, Jan Jacobs, Natasja Jonckhere, Dongwoo Kang, Kees de Klein, Takaomi Koibuchi, Rozemarijn Koopmans, Nina Larsen, Henrik van Leeuwen, Sander van Loon, Emilie Meaud, Nikki Remo van Nuland, Wonmin Park, Elma Plaisier, Eva Rius van Teeseling, Linda van Sommeren, Aafke Weller.

Zie voor meer informatie:
www.thearchitectureofknowledge.nl

Deze publicatie kwam mede tot stand dankzij de bijdrage van Vereniging Openbare Bibliotheken en de Vereniging Vrienden van het NAi.

ISBN 978-90-5662-747-8

© 2010 NAi Uitgevers, Rotterdam

vob Vereniging Openbare Bibliotheken

NAi
NETHERLANDS ARCHITECTURE INSTITUTE

VERENIGING
NAi
VRIENDEN

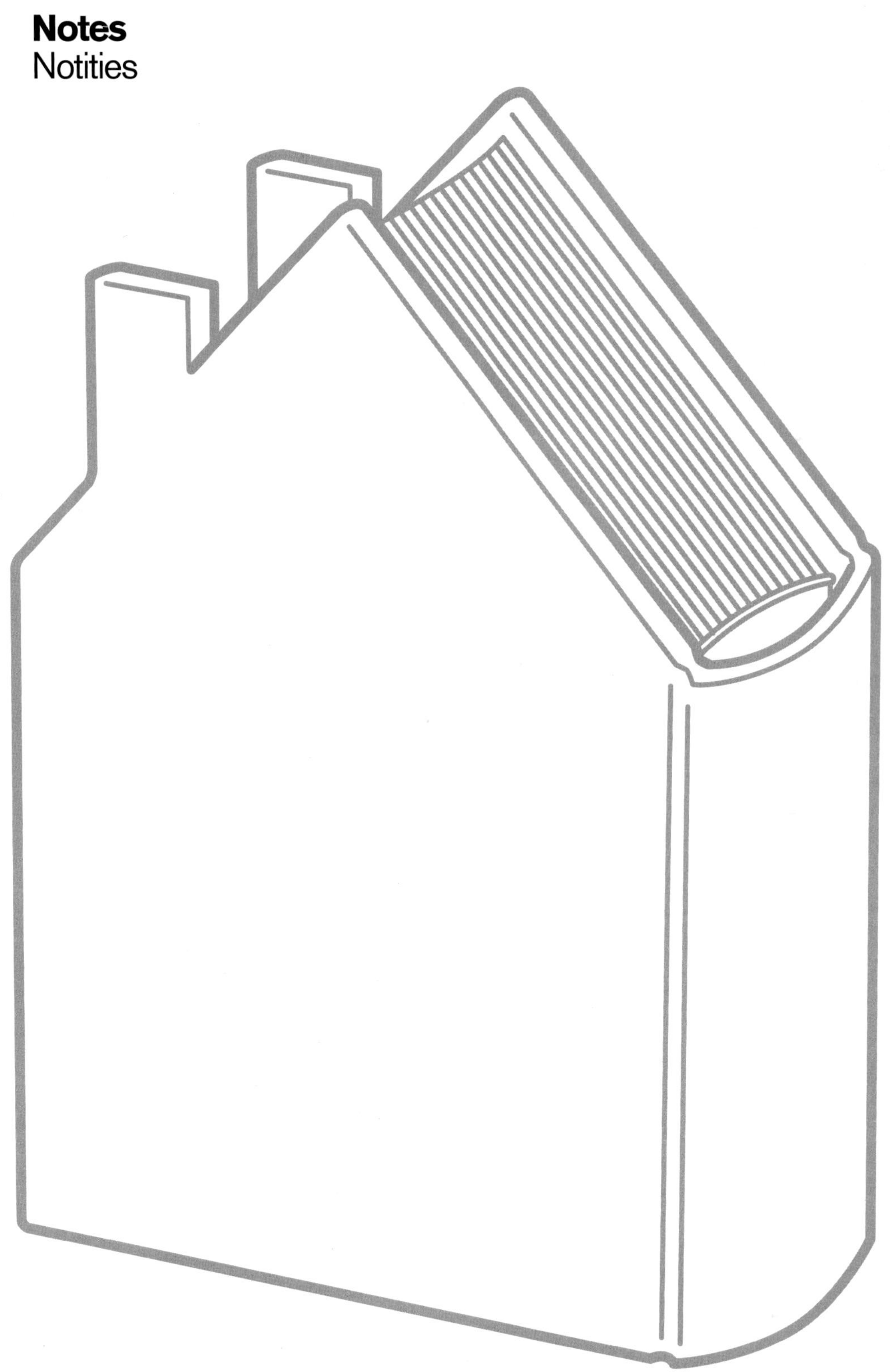